MEHMET BARI (HRSG.)

HOLZVÖGEL

Die Deutsche Bibliothek - CIP-Einheitsaufnahme
Holzvögel: Literaturwettbewerb für die türkische Sprache 1997 ; die preisgekrönten Beiträge/hrsg. von Mehmet Barı. - Köln : Önel, 1998
Türk. Ausg. u.d.T.: Tahta kuşlar
ISBN 3-933348-01-3

ISBN-Nr.: 3-933348-01-3
Best.-Nr.: Ö8013

Umschlaggestaltung:
Nurcan Zamur
Redaktion:
Ayşe Tekin, Gisela Teichmann, Dietrich Schlegel
Gesamtherstellung:
Önel Druck&Verlag, Silcherstraße 13, D-50827 Köln, 49+ 221 5 87 90 84

Vertrieb/Dağıtım ve sipariş adresi:
Önel-Verlag   Silcherstraße 13   50827 Köln
Telefon: 02 21/5 87 90 84   Telefax: 02 21/5 87 90 04

Holzvögel

Die preisgekrönten Beiträge
Deutsche Welle (DW)
Literaturpreis 1997

ÖNEL-VERLAG

Literatur verbindet

Die Literatur hat den Vorteil, daß sie nicht nur Informationen, sondern auch Gefühle vermitteln kann. Sie trägt nicht nur Fakten weiter, sie läßt auch erkennen, wie es Menschen zumute ist. Nach den Statuten des Deutsche Welle-Literaturpreises sollen die zu prämiierenden Arbeiten der Verständigung zwischen den Völkern dienen und den Informationsfluß fördern. Sie sollen kulturelle und soziale Themen aufgreifen und Situationen der Menschen in den jeweiligen Regionen aus der Sicht der Betroffenen schildern.

Die preisgekrönten Arbeiten des Deutsche Welle-Literaturpreises 1997 für die türkische Sprache haben diese Kriterien mehr als erfüllt. Davon können Sie sich, verehrte Leserinnen und Leser, mit diesem Sammelband, der die acht besten Arbeiten zusammenfaßt, selbst überzeugen.

Warum hat die Deutsche Welle 1996 ihren sechsten Literaturpreis für die Türkische Sprache ausgeschrieben? Nun, niemand wird bestreiten, daß zwischen Deutschland und der Türkei ganz besonders enge Beziehungen bestehen, auf politischer, wirtschaftlicher und kultureller Ebene. Dafür sprechen schon die mehr als zwei Millionen in Deutschland lebenden Türken und die mehr als 20.000 türkischen Studenten an deutschen Hochschulen. Nicht immer gestalten sich diese Beziehungen ungetrübt, aber politische Krisen und Ereignisse kommen und gehen. Kulturelle Kontakte und Begegnungen jedoch bleiben lange tiefverwurzelt in den Herzen der Menschen. Sie sind die wichtigste Grundlage für unsere gemeinsame Suche nach einer besseren, friedlicheren Welt. Die Deutsche Welle als Auslandssender der Bundesrepublik Deutschland versteht sich nicht nur als Informationssender, der sich bemüht, über Grenzen hinweg objektiv und sachlich zu informieren, sie hat sich auch stets als Brücke der Verständigung und der Freundschaft zwischen den Völkern gesehen. Sie bringt Menschen unterschiedlicher Hautfarben, Religionen und Kulturen einander

7

näher. Und das gilt natürlich erst recht für die Hörer und Zuschauer von DW-radio und DW-tv.

Dem türkischen Sprachraum widmet die Deutsche Welle seit langem große Aufmerksamkeit. Seit 1962 sendet sie Radioprogramme in türkischer Sprache, zur Zeit zweimal täglich 50 Minuten, ausgestrahlt über Kurz- und Mittelwelle sowie über die Satelliten Eutelsat und Asiasat. Seit einiger Zeit können Hörer in der Türkei unsere türkischen Programme auch über zwei Privatsender auf UKW empfangen.

Mein Dank gilt allen Teilnehmern des Wettbewerbs, den Mitgliedern der beiden Jurys, den Mitarbeiterinnen und Mitarbeitern der Türkischen Redaktion unter ihrem Leiter Mehmet Barı, den Deutsch-Türkischen Kulturinstituten (Goethe-Instituten) in Istanbul, Ankara und Izmir, die sich an der Vorbereitung der Ausschreibung aktiv beteiligt haben, dem Goethe-Institut in München, das eine Anzahl von Stipendien für deutsche Sprachkurse für diejenigen Preisträger zur Verfügung stellt, die nicht das Glück hatten, einen der Hauptpreise in den Kategorien Funkerzählung und Hörspiel zu erringen.

Ich freue mich, daß es wiederum gelungen ist, aus den besten Arbeiten einen Sammelband zusammenzustellen, wie das auch bei den vorangegangenen Literaturpreisen geschehen ist. Ich wünsche dem vorliegenden Band "Holzvögel" eine aufgeschlossene und möglichst breite Leserschaft in der Türkei, in Deutschland und in anderen Teilen der Welt, wo Menschen türkischer Zunge leben und Deutsche, die sich für türkische Literatur und Kultur interessieren.

Prof. Dieter Weirich
Intendant
Deutsche Welle

Glückliche Fügungen

Ohne eigentliche Absicht, mehr durch glückliche Fügung kam es 1997 durch die Deutsche Welle zu zwei Höhepunkten in den deutsch-türkischen Kulturbeziehungen: Am 15. März gastierte die angesehene Pianistin Verda Erman mit den Düsseldorfer Symphonikern unter dem Dirigenten Rengim Gökmen im Sendesaal der Deutschen Welle mit einem Konzert türkischer und deutscher Komponisten. Neben Beethovens 2. Klavierkonzert und Schuberts 5. Sinfonie wurden Werke der zeitgenössischen türkischen Komponisten A. Turgay Erdener und – als Uraufführung! – Nejat Başeğmezler zu Gehör gebracht. Der Live-Mitschnitt wurde in der Reihe Deutsche Welle classics als CD mit dem Titel "Türkisch-Deutsches Freundschaftskonzert" veröffentlicht.

Zum Zeitpunkt dieses musikalischen Ereignisses waren die Arbeiten am DW-Literaturpreis, dem zweiten Höhepunkt der deutsch-türkischen Kulturbeziehungen, schon weit fortgeschritten. Die Übersetzer schwitzten über den in die engere Wahl gezogenen 25 Beiträgen, und zwei hochkarätig besetzte Jurys zerbrachen sich die Köpfe über die preiswürdigsten Einsendungen. Am 18. Juni war es dann soweit: Die Hauptjury verkündete auf einer Pressekonferenz in der Deutschen Welle die Preisträger.

Als die beiden Hauptpreise und der erste Trostpreis am 16. Oktober im Internationalen Zentrum der Frankfurter Buchmesse verliehen wurden, kam es schließlich zur dritten glücklichen Fügung: Der Friedenspreis des Börsenvereins des Deutschen Buchhandels war 1997 Yaşar Kemal zugedacht worden. Wenige Tage vor dem feierlichen Akt der Verleihung in der Frankfurter Paulskirche fand der berühmte türkische Romancier noch Zeit, um persönlich einen der beiden Hauptpreise an die begabte Nachwuchsschriftstellerin Asli Erdoğan aus Istanbul zu überreichen und so der Preisverleihung der Deutschen Welle noch zusätzlichen Glanz zu verleihen.

Asli Erdoğans Erzählung "Holzvögel" gibt auch dem vorliegenden Buch mit den acht besten der eingesandten Arbeiten – sechs Erzählungen und zwei Hörspiele – den Titel. Der türkischen Ausgabe wünsche ich eine weite Verbreitung, um den Autoren, aber auch den Bemühungen der Deutschen Welle um die Vertiefung der deutsch-türkischen Kulturbeziehungen gebührende Aufmerksamkeit zu verschaffen. Von der deutschsprachigen Ausgabe erhoffe ich mir, daß dadurch das Angebot türkischer Autoren auf dem deutschen Literaturmarkt durch einen originellen Beitrag bereichert wird. Dieses Angebot ist bei näherer Betrachtung reichhaltiger als es auf den ersten Blick erscheinen mag. Von den berühmteren Schriftstellern und Dichtern, deren Werke in deutscher Übersetzung vorliegen, seien hier nur Yaşar Kemal, Nazım Hikmet, Aziz Nesin, Kemal Tahir, Orhan Pamuk, Sait Faik und Orhan Veli Kanık genannt.

Aus der türkischen Immigrantenliteratur in Deutschland hat sich inzwischen eine eigenständige und originelle deutsch-türkische Literaturvariante entwickelt. Die meisten in Deutschland lebenden Autoren schreiben und publizieren mittlerweile in deutscher Sprache, ohne daß sie in Inhalt und Stil ihre türkische Herkunft verleugnen. Hier wären stellvertretend zu nennen: Die Lyriker und Prosaisten Yüksel Pazarkaya und Aras Ören (beide waren Mitglieder der DW-Literaturpreis-Jury), den "Arbeiterschriftsteller" Fakir Baykurt, der glänzende Berliner Essayist Zafer Şenocak sowie Akif Pirinçci mit seinen originellen Kriminalromanen.

Auffallend ist, daß unter den in Deutschland lebenden und arbeitenden Autoren viele Frauen zu finden sind; um nur einige zu nennen: Saliha Scheinhardt, Aysel Özakın, Zehra Çırak, Emine Sevgi Özdamar und Renan Demirkan; letztere beiden finden in Deutschland als Schrifstellerinnen ebenso viel Anerkennung wie in ihrem eigentlichen Beruf als Schauspielerinnen.

Gelassen und hoffnungsfroh können wir feststellen, daß – unbeschadet der schwankenden und störungsanfälligen deutsch-türkischen Beziehungen auf dem Felde der Politik – der kulturelle Austausch, die gegenseitige künstlerische Befruchtung, der literarische Dialog intensiver sind, als gemeinhin angenommen wird. Dazu liefert die Deutsche Welle ihren bescheidenen Beitrag mit diesem Sammelband "Holzvögel".

Dr. Hildegard Stausberg
Chefredakteurin DW-radio / Fremdsprachen

HOLZVÖGEL

ASLI ERDOĞAN

Plötzlich öffnete sich die Zimmertür, ein roter Kopf streckte sich durch den Türrahmen und Dijanas keuchend drängende Stimme füllte den Raum: "Nun mach schon, Felicita! Sollen wir den ganzen Tag auf dich warten? Heb endlich deinen Riesenhintern aus dem Bett. Du lebst nicht, Mädchen, du bist innerlich tot!"

So hastig, wie sie geöffnet wurde, fiel die Tür wieder ins Schloß, blieben der Desinfektionsmittelgeruch der Flure, Dijanas helle Stimme samt ihrem oberflächlichen, dennoch schmerzenden Spott draußen auf dem Korridor.

Filiz, die mit der beispiellosen Ironie Lungenkranker von ihnen Felicita, die Glückliche, genannt wurde, war ein ausgesprochen pessimistischer, in sich gekehrter, vergrämter Mensch. Mit dem Status eines politischen Flüchtlings, ihrem Doktortitel, ihren im Zimmer aufgereihten dickleibigen Büchern galt sie in den Augen der anderen Kranken als nicht sehr liebenswerte Intellektuelle. "Ach, diese unsere Felicita", so Dijana, "anstatt mit ihr zu plauschen, kann ich ja gleich ein Buch über Onkologie lesen. Man muß ihr ja jedes Wort mit der Pinzette aus der Nase ziehen." Diese unsere dunkle, vertrocknete Felicita, die in ihrem Land zwei Jahre im Gefängnis gesessen hat, dauernd über ihren Büchern hockt und in zehn Jahren noch immer nicht gelernt hat, akzentfrei deutsch zu sprechen!

Mühsam stieg Filiz aus dem Bett. Ihre lange Krankheit — beidseitige Pneumonie und chronisches Asthma — hatte sie gelehrt, sparsam mit ihren Kräften umzugehen. Sie fügte sich den Launen ihres ununterbrochen schmerzenden und fordernden Körpers.

Nach acht Monaten würde sie zum ersten Mal das Krankenhaus verlassen. Auf der Liste der Genesenden, denen am Samstag ein zweistündiger Ausgang erlaubt wurde, stand diese Woche auch ihr Name: Filiz Kumcuoglu. Dijana, die das eintönige Leben im Krankenhaus in ein spannendes Abenteuer verwandelte, wenn sie sich an den Nachtschwestern vorbeimogelnd Einblick in die Akten der Kranken verschaffte, war schon seit Montag darüber im Bilde. Nun hielt sie für Filiz "eine große Überraschung" bereit: DEN AMAZONEN-EXPRESS! Filiz hatte sich das Recht erworben, am wohlgehüteten Geheimnis der Patientinnen des dritten Stocks, einer Fahrt mit dem Amazonen-Express, teilzunehmen. Im Grunde genommen waren Filiz' Erwartungen an diese Fahrt nicht besonders groß. Wenn es hochkam, würde man zum einzigen Ort im Umkreis von dreißig Kilometern, dem Dorf T., fahren und dort ein Gläschen trinken, vielleicht sich auch mit den Burschen des Dorfes oder den, wie sie selbst ausgelaugten, Patienten des Männersanatoriums treffen. Was konnte man denn sonst mitten im Schwarzwald unternehmen?

Plötzlich, sie ging gerade zur Tür hinaus, fiel ihr die Geschichte ein, die sie vor mindestens zwanzig Jahren gehört und im tiefsten Winkel ihres Gedächtnisses vergraben hatte. Zu Beginn dieses Jahrhunderts sollen die Patientinnen des Tuberkulose-Sanatoriums auf der Prinzeninsel Heybeli in den angrenzenden Wald geschlichen sein und sich dort mit den tuberkulösen Männern geliebt haben. Zum Tode verurteilte Frauen mit Fackeln in den Händen, bleich, in weißen Hemden ... Sie konnte nicht glauben, daß es sich in Wirklichkeit so zugetragen hatte, doch die Geschichte, fand sie, war von lyrischer Tragik. Aus ihrem Leben allerdings war alles Lyrische gewichen, nur die persönlichen Tragödien hatten mittlerweile so überhand genommen, daß sie wie Parasiten am Mark ihres Seins saugten.

Geh durch die gläserne Doppeltür ins Freie! Kehre dem Schild mit dem Hinweis "Lungenkrankheit" an der Wand dieses strengen, stirnrunzelnden, grauen T.er Krankenhauses den Rücken und schreite, ohne dich umzublicken, schnurstracks aus bis zu der Linie, wo der riesige Schatten des Gebäudes endet. Hier, an der Grenzlinie des Reiches der Sonne, bleib stehen, halte deinen Atem an und mache ganz langsam den einen Schritt, der dich aus dem Schatten herausführt, so daß sogar die kraftlosen Sonnenstrahlen des Nordens deinen Rücken im Nu erwärmen; und dann beweise dir, daß du fähig sein kannst, deine gesamte Vergangenheit aus deinem Gedächtnis herauszureißen. Laß die Sonne in deinen Haaren ihre Spielchen treiben, den Wald in grelle Farben sich verkleiden. Der Welt Konturen sollen sich verwischen, verwandeln sich die Wirklichkeit in reines Licht!

Filiz erinnerte sich an Nadezda, die in den Himmel zu fliegen meinte, wenn sie nur ihre Arme ausstreckte. Die unglückliche Nadezda in Tschechows "Duell". Sie fühlte sich wie ein Held Tschechows. Vielleicht könnte sie sich dann auch in einen Vogel verwandeln, aber allenfalls in einen hölzernen. Einen leblosen, armseligen, lächerlichen Vogel, dessen Flügel nicht zum Fliegen, sondern zum Hervorbringen mechanischen Geklappers in der Lage sind. Eine schmerzliche Erregung überkam sie. Ihr war gleichzeitig zum Weinen und zum Lachen zumute, sie wollte leben und sterben zugleich.

"Nun mach schon, Felicita! Stehst da erstarrt wie eine Mumie. Wir verspäten uns!" Gerdas vom Rauchen und der Schwindsucht erstickter Kontraalt begleitete Dijanas Drängen: "Du verpaßt den Amazonen-Express!"

Sechs Frauen bildeten die Gruppe, die sich vor dem Gartentor versammelt hatte. In "drei Ausländer, drei Deutsche, drei Schwindsüchtige, drei Asthmatiker" teilte Filiz sie augenblicklich ein. "Die Deutschen sind schwindsüchtig, die aus der Dritten Welt asthmatisch, gerade das Gegenteil wäre zu erwarten gewesen." Martha und Gerda, zwei stattliche blonde Deutsche, hatten es trotz ihrer Schwindsucht fertiggebracht, bei Kräften zu bleiben. (Dabei war Gerda gar nicht so groß, konnte auch nicht als blond bezeichnet werden, aber Filiz' gegenüber persönlichen Unterschieden

15

wenig sensible Sicht hatte die beiden gleichgeschaltet und sie der Arbeiterklasse in dieser kleinen Gruppe zugeordnet.) Hatte Filiz vor der körperlichen Kraft dieser Frauen, ihren Grobheiten, ihrer Entschlossenheit bei der Wahrung ihrer Interessen auch ein wenig Angst, insgeheim beneidete sie die beiden. Die dritte Deutsche, schmal wie ein Totempfahl, war die zwanzigjährige Beatrice, ein verschlossenes, vor Jahren rauschgiftsüchtiges Mädchen mit eingefallenen Wangen. Der Anblick dieser Frau mit dem kurzgeschnittenen, kastanienbraunen Haar, den traurigen, scheinbar stets nach etwas suchenden Augen und dem an einen verkümmerten Baum erinnernden Körper einer Halbwüchsigen stimmte Filiz immer etwas traurig. Daneben Dijana, die verspielte rote Füchsin, Hansdampf in allen Gassen, die sich um nichts scherte, sich über nichts aufregte, außer, wenn man sie Jugoslawin und nicht Kroatin nannte. Und schließlich die Argentinierin Graciella ...

Graciella war die einzige Patientin, die im Sanatorium mindestens so sehr wie Filiz, wenn nicht noch mehr als sie, ausgegrenzt wurde. Diese einhellig als reizend, geistreich und gebildet charakterisierte, von Geburt an in bevorzugten Kreisen wohlbehütet aufgewachsene Frau inmitten dieser Lungenkranken anzutreffen, zeugt von des Lebens geschmacklosem Sinn für Humor! Sie war einsachtundfünfzig groß (also noch kleiner als Filiz) und von zierlicher Figur. Mit ihrem glatten, in die Stirn fallenden Haar, den auch im Krankenhaus exakt nachgezogenen Marlene-Dietrich-Brauen, dem warmen Blick ihrer Augen, die von einem Augenblick zum andern zu Eis erstarren konnten, hatte sie sich den Spitznamen Evita wohlverdient. Sie war der Liebling der Ärzte und der Krankenschwestern, wurde von ihnen behandelt, als sei sie eine zerbrechliche, einmalige antike Vase. Ohnehin erweckte sie den Eindruck, als erwarte sie, daß sich die ganze Welt rücksichtsvoll um sie kümmere. Doch Filiz hatte in den makellosen Gesichtskonturen, die an eine weibliche Nippesfigur erinnerten, auch die Härte gespürt. Graciella hatte ein Lächeln, das einem Menschen Angst einjagen konnte. Filiz mußte an ihre Klassenlehrerin denken, die, reizend und ganz Dame, jeden Tag mit einem Halstuch aus Foulard in die Schule kam und sich zum erstklassigen Folterknecht entpuppte, kaum daß sie die Schwelle überschritten hatte.

Als sie Graciella zum ersten Mal sah, hatte sie die Frau für eine Besucherin gehalten, die irrtümlich in der Kantine gelandet war. Sie saß allein an einem Einzeltisch am Fenster, trug einen engen schwarzen Samtrock und ein auffällig bis zum Brustansatz aufge-knöpftes Hemd. Zwischen ihren reizvollen Brüsten glitzerte ein herzförmiges Kollier. Hochhackige, mit Schnallen versehene "Tango-Schuhe" und Nylonstrümpfe ergänzten das Bild. Zwischen den Kranken in Bademänteln und Sandalen, die mit fettigen Haaren einhergingen, stach sie ab wie eine seltene tropische Blume. Doch eines Tages platzte Dijana, Redakteurin der Flüsterzeitung des Krankenhauses, zu Filiz ins Zimmer und gab das Geheimnis preis: "Wußtest du, daß diese Argentinierin Evita genau so ist wie du?" "Was heißt: genau so ist wie du?" "Na ja, politischer Flüchtling. Gefängnis, Folter und so. Dadurch sind ihre Lungen ja draufgegan-gen. Ihr früherer Ehemann soll Diplomat gewesen sein, beide sehr reich, aus gutem Hause, hatten einflußreiche Freunde. Aber wie das Leben so spielt, der Mann ist jemandem auf den Schwanz getreten, und es wurde Haftbefehl erlassen. Innerhalb von zwei Stunden war er spurlos verschwunden, hatte seine Frau allein zurückgelassen. Zwei Monate lang hatten sie versucht, sie zum Reden zu bringen, aber den Aufenthaltsort ihres Mannes behielt sie für sich. Vielleicht wußte sie ihn selbst nicht. Kannst du dir das vorstellen, dieses zer-brechliche Rührmichnichtan? Man sollte aufs Äußerliche nie rein-fallen."

Das war für Filiz schwer verdaulich. Als habe man ihre tiefsten Leiden verspottet, als habe man sie, die Person Filiz K. samt ihrer Vergangenheit, entwertet. Sie hatte aus ihrem Ich einen Mythos geschaffen und konnte nur weiterleben, wenn sie selbst an diesen mythologischen Helden glaubte. Das Andenken an ihre schreckliche Vergangenheit war Voraussetzung für die Rechtfertigung ihres Daseins und hatte in einem Winkel ihrer Seele seinen geheiligten Platz. Und da kommt dieses geckenhafte Weib und spuckt ihren Ikonen ins Gesicht! Mit welchem Recht wagte sie es, mit der starken, unerschrockenen Filiz, die bis auf den letzten Heller für ihren Glauben bezahlt hatte – so charakterisierte sie sich selbst –, dieselbe Tragödie zu teilen? Dazu noch aus Liebe zu einem fettleibigen, minderwertigen Mann mit zwei Mätressen!

Auf der schmalen Asphaltstraße, die sich wie die Windungen einer grauen Schlange durch das T.-Tal zog, marschierte die Schar der kranken Frauen. Schon zu Beginn ihrer Reise hatte sich eine mitotische Zweiteilung vollzogen. Die vordere Gruppe, bestehend aus Dijana und den schwindsüchtigen beiden Deutschen, plauderte über Belangloses, führte ein typisches, von einem Thema zum anderen springendes Sonnabendnachmittag-Gespräch, das Filiz überhaupt nicht interessierte: Eingehender Tratsch über das Personal, wobei über die Ärztinnen mit Eifersucht, über die gutaussehenden Ärzte mit Wohlgefallen hergezogen wurde, das In-Grund-und-Boden-Verdammen des Kaffees und Essens in der Cafeteria, das Fernsehprogramm, der Kampf Banderas gegen Pitt u.s.w. Und während die Deutschen zu Banderas hielten, ergriff die Bewunderin der germanischen Rasse, Dijana, Partei für Pitt. Dazu noch einige alte Erinnerungen aus der Zeit "vor dem Krankenhaus" ... Wie man vor vier Jahren in der Fabrik, wo Martha arbeitete, eine der Arbeiterinnen splitternackt mit durchschnittener Kehle aufgefunden hatte; und auch Gerda kramte aus dem Tiefkühlfach ihrer Gedächtnisruhe noch einige Mordgeschichten hervor und wärmte sie wieder auf. Nur Dijana, deren Eltern in Bosnien lebten, redete nicht über Grausamkeiten, verbarg sich hinter lawinenartig wachsendem Schweigen.

Beatrice, die sich noch immer nicht entschieden hatte, zu welcher Gruppe sie gehörte, ging für sich. Allein mit ihrer Innenwelt, versuchte sie, diesen außergewöhnlichen Sonnabendnachmittag, dieses smaragdgrüne Tal und die zweistündige Freiheit, ohne einen einzigen Topfen zu verschwenden, in vollen Zügen zu genießen. Sie sah glücklich aus, und dieser Schimmer von Glück in ihrem zerstörten jungen Gesicht rührte mehr noch als der sonstige schmerzerfüllte Ausdruck.

Filiz war neben Graciella geraten und suchte vergeblich nach Worten für eine Unterhaltung. Das Schweigen zwischen den beiden war lang und stachelig.

"Dich im Amazonen-Expreß zu sehen, ist wirklich eine Überraschung."

"Wieso?" fragte Graciella barsch. In ihren Augen funkelte eine kalte Flamme, schien sich der über Jahre hinweg im Innersten wie ein Kleinod verborgene Zorn widerzuspiegeln.

"Wohin es geht, haben sie dir nicht gesagt, nicht wahr?"

"Nein. Sie machen daraus ein großes Geheimnis."

"Er ist wirklich ein großes Geheimnis, der Amazonen-Expreß. (Ein spöttischer, genau berechneter Ton, ein Lächeln wie eine vernarbte Wunde.) Sogar du wirst überrascht sein!"

"Sicherlich gehen wir ins Dorf."

Graciella führte ihren Zeigefinger mit kirschrot gelacktem langem Nagel an die Lippen: "Schschsch", zischte sie und sah aus wie das Bild der strengen Schwester auf dem Schild "Bitte Ruhe!"

Filiz hatte weder den Mut noch die Lust, das Gespräch fortzusetzen. Sie gab sich ganz dem Genuß dieses Ausflugs hin. Nach acht langen Monaten war sie wieder im Freien, spazierte durch einen märchenhaften Wald und sog die windstill in sich ruhende, klare, duftende Luft, die ihre Lungen vom ganzen Schmutz der letzten Jahre zu reinigen schien, in sich hinein. Dazu eine freundliche, großzügige Sonne und das wie selbstverständliche, herrliche Glück, über dieses grenzenlos bis zum Horizont sich dehnende Grün nach Herzenslust zu wandern ... Ohne auf verschlossene Türen zu stoßen ... Auf eiserne, vergitterte Zellentüren oder mit Nummern versehene, in gutgeölten Scharnieren hängende schalldichte Krankenhaustüren ... Die Sehnsucht, seine Beine frei zu bewegen, seinen Körper überallhin zu tragen, könnte ein Gesunder mit Sicherheit nicht nachvollziehen!

Filiz nahm den typischen, beispiellosen Waldgeruch wahr, der nicht süßlich und häuslich war wie der des gemähten Rasens im Garten der Klinik, sondern herb und weltlich, schwindelerregend. Vielleicht war es aber auch diese eigenartige Stille, die sie schwindeln machte. Das T.-Tal lag wie ein enggeknüpfter grüner Teppich vor ihr, und ihr war, als zwinkerten die Hügel ihr über ihre Rücken zu. Im Tal, das durch die Strahlen der Herbstsonne noch tiefer erschien, hatten Sonne und Schatten ihren nie enden wollenden Eroberungskrieg um mehr Raum, mehr Gelände begonnen. In der Ferne konnte man das golden schimmernde Kreuz der Dorfkirche ausmachen. "Alles ruht in fast quälend empfundenem Hochglanz, fast quälend empfundener Sorglosigkeit", dachte sie.

Die Hände voller wilder Erdbeeren, ging Beatrice zu der Gruppe der schwarzhaarigen Frauen. Sie hatte wohl ihre Identitätskrise überwunden und entschieden, daß ihr Platz bei den "Fremden" sei. Dieses tragische Band, das schon die beiden früheren Sträflinge zueinander zog, hatte wie das Netz einer giftigen Spinne nun auch Beatrice erfaßt. Sie hatte die Einsamkeit der Heroinsüchtigen, die Hoffnungslosigkeit, den Zusammenbruch erfahren, und obwohl die Jüngste von allen, war sie dem Tod am nächsten. In ihrem kindlichen Körper hatte sie ihn getragen. Die anderen hatten sich abgemüht, an das Leben zu glauben, sich daran zu klammern, dazu zu gehören, und sie taten es noch immer, aber sie hatte es schon mit Sechzehn einfach verneint. Heroin, der Strich, Gelbsucht, Tuberkulose ... Tödliche Schläge, einen nach dem anderen, doch sie hatte sich jedesmal wie ein niedergeschlagener Boxer vor dem Aus bei neun wieder aufgerichtet und sich den nächsten Schlägen gestellt.

"Wollt Ihr wilde Erdbeeren?" (Nein, beide wollen nicht.)

"Gestern gab es im Fernsehen ein Programm über Argentinien, habt Ihr es gesehen?" (Nein, beide haben es nicht gesehen.)

"Sie zeigten Buenos Aires. Eine außergewöhnliche Stadt. So schwermütig. Sie erinnert ein bißchen an Berlin, die Architektur, die Cafes ... Da gibt es ein Viertel voller Häuser, so bunt wie ein Regenbogen: Elbakar."

"El Boka", korrigierte sie Graciella. "Das heißt der Mund. Der Geburtsort des Tangos."

"Ja, stimmt, El Boka! Das Viertel der Randgruppen, der Maler und Musiker."

"Jetzt kommt man da vor Taschendieben und Verkäufern von Touristenramsch nicht mehr durch."

"Kannst du Tango?" warf Filiz ein.

"Nein, ich bin nicht aus Buenos Aires, ich komme aus Mendoza."

(Irgendwie war ich der festen Meinung gewesen, daß sie aus Buenos Aires stamme und hervorragend Tango tanze, dachte Filiz.)

"Mendoza?"

"An der Grenze zu Chile, eine Stadt an den Hängen des Aconcagua."

"Aconcagua, der höchste Berg Südamerikas!" (Sogar die Heroinsüchtigen dieses deutschen Volkes haben Allgemeinbildung!)

Stille. Das krampfhaft in Gang gehaltene Gespräch ist wie abgeschnitten, so als gäbe es gar nichts mehr, worüber sich die drei Frauen unterhalten könnten. "Seht mal, die Schlinge dort am niedrigen Ast!" Beatrice hatte ihre aufgeregte Stimme nicht zügeln können, und die beiden älteren Frauen blickten überrascht auf das ganz gewöhnliche Stückchen Strick. "Wahrscheinlich hat hier ein Zwerg Selbstmord begangen", fuhr Beatrice mit der Phantasie ihrer zwanzig Jahre, verstärkt durch das Gift des Heroins, fort, um gleich zu erröten, als ihr plötzlich einfiel, wie kurz ihre beiden Weggefährtinnen doch geraten waren. Nur gut, daß keine von ihnen sich angesprochen fühlte.

Als die Frauen den Weg ins Tal verließen und nach Westen zu den dicht bewaldeten schroffen Hängen abbogen, wurde Filiz stutzig. Es ging also nicht ins Dorf T. Vielleicht hatten sie sich wie Schulkinder oder Gefängnisinsassen für den samstäglichen Freigang einen versteckten Paradies-Winkel ausgesucht! In diesem Fall brauchten sie sich aber doch nicht so zu beeilen und immer wieder auf die Uhr zu schielen! Amazonen-Expreß! Meinten sie damit die Regenwälder oder die kampferprobten, jagdbesessenen, sagenhaften Amazonen, die sich von den Männern wie von ihrer rechten Brust mit einem endgültigen Schnitt getrennt hatten?

Nun spazierten sie nicht mehr so bequem den sonnenbeschienenen Asphalt entlang, sondern kämpften sich im Gänsemarsch über einen von Pflanzen und Wurzeln überwucherten Trampelpfad. Der echte Marsch durch den Wald hatte begonnen. Sogar die Sonnenstrahlen schimmerten grünlich. Eine Wanderung durch Dornen, die den vorgewarnten, fremden Eindringlingen immer schmerzhafter zu schaffen machten, durch Gestrüpp, buschige Farnkräuter, vorbei an wie schamhaft im Dämmer verborgene Pilze, zwischen Zweigen tanzende braune Schmetterlinge und Lichtungen voller Herbstblumen. Von den Blättern perlende Regentropfen, feuchtes, schleimiges Moos an den Baumstämmen, brechende Farben des Tageslichts ... Bäche und Rinnsale, die Lebensadern des Waldes, kreuzten immer wieder ihren Weg ... Und verführerische Waldwege, die ihr Ziel nicht preisgeben ...

Filiz hatte immer in Großstädten gelebt, den Wald kannte sie nicht. Wenn sie sich auch seit acht Monaten schon in einem Sanatorium mitten im Schwarzwald befand, blieb der Wald für sie unerreichbar, unwirklich und geheimnisvoll. Die Dunkelheit, die nachts wie ein schwarzer Vogel vor ihrem Fenster niederging, und das dumpfe Rauschen, das ihre Alpträume begleitete, waren wie ein ungeschlachter, taubstummer Wärter, der sie daran hinderte, in das wirkliche Leben – was immer das auch sei – zurückzukehren. Jetzt aber, da sie tief in den Wald, mitten in sein Herz eingedrungen war, erlebte sie ihn zum ersten Mal wirklich. Das war mehr als nur ein flüchtiges Kennenlernen; es war wie die Begegnung zweier Wesen, die voneinander nichts wußten und sich von Angesicht zu Angesicht plötzlich gegenüberstehen. Daher dieser tiefe, verwirrende Eindruck, den diese Begegnung auf Filiz machte. Ein einfaches, primitives, machtvolles Wesen wie der Ozean hatte sich vor ihr aufgetan. Es hatte sie aus ihrer staubigen, dürren Welt in der Nußschale herausgerissen und ließ sie den Klang einer ganz anderen Wirklichkeit vernehmen. Einen wild pulsierenden Rhythmus hatte der Wald. Er war von seltsamen Schatten, von Gegensätzen, von Schauder eingehüllt, und über diesem Geheimnisvollen zitterte wie schwebender Tüll die dampfige Luft. Bäume, Bäume, Bäume ... Alte, mächtige, achtunggebietende, hohe, starke, alles beherrschende Bäume ... Sie schienen so abgeklärt, als kennten sie seit langem alle Wunder und Untaten auf dem Erdenrund, schienen noch älter zu sein als die Zeit ... Sie hatten ihre Wurzeln in die Tiefe gesenkt und waren auf ihrer in den Himmel gerichteten, nur auf den Himmel zielenden Reise schon so weit fortgeschritten, ein Ausbrechen nach rechts oder links nicht mehr als Freiheit aufzufassen.

Als sie an einem Hang langsamer wurden, zog Dijana Filiz beiseite.

"Es ist jetzt ja nicht der richtige Augenblick", meinte sie, während sie kurz verschnaufte, "aber wir müssen heute abend miteinander reden, ich habe Hans nämlich einen Brief geschrieben."

"Hast du den letzten Brief, den ich - den wir zusammen geschrieben haben, denn abgeschickt?"

Erst beim Sprechen merkte auch Filiz, wie wenig Luft sie noch hatte und wie durstig sie war. Ihr Mund war so ausgetrocknet, daß sich ihre Zunge nur schwer vom Gaumen löste.

"Natürlich, noch am selben Tag", antwortete Dijana, "aber ich habe noch keine Antwort. Es ist schon neun Tage her. Die Post wird sich verspätet haben. Außerdem ist Hans ein bißchen schwerfällig."

"Du glaubst also, daß er antworten wird, ja?"

Dijanas aschfarbene Augen blitzten, ihre Miene bewölkte sich: "Ich glaube es nicht, ich ahne es!"

Als sie vor etwa zwei Monaten aus dem Zimmer des Chefarztes zurückkam, hatte sie Dijana in einer der Telefonzellen im Erdgeschoß gesehen. Sie hatte den Telefonhörer mit beiden Händen umfaßt und redete und weinte zugleich. Erst dachte sie, Dijana habe aus Jugoslawien wieder eine schlechte Nachricht erhalten, denn auch den Tod ihrer Schwester in Bosnien hatte sie von einer heiseren Stimme am andern Ende der immer wieder unterbrochenen Leitung erfahren. Doch diesmal lag der Fall anders: Dijanas letzter Geliebter, der hochgewachsene, "messerscharfe" Hans, war dieser rasselnd atmenden, zu einem Wrack verfallenen, schwindsüchtigen Frau mit den schlaffen Tränensäcken, war der bedrückenden Krankenhausbesuche überdrüssig geworden. Gemeinsam hatten sie Hans fünf Briefe geschrieben, aber auch Filiz' gefühlvolle, wirksame Schreibe konnte Hans nicht beeindrucken; es kam nicht eine Antwort.

"Ich an deiner Stelle würde an ihn keinen Gedanken mehr verschwenden."

Sie wußte, daß sie verletzend und mitleidlos handelte, aber sie war zu erschöpft. Schweißgebadet, von Durst geplagt, mit Beinen, in denen die Adern vor Anstrengung pochten, fehlte ihr einfach die Kraft, sich mit Dijanas Problemen zu befassen.

"Hast du ein steinernes Herz!"

"Und ob ich auch einige Steine im Herzen trage! Nun gut, versuchen wir doch einmal, ihn eifersüchtig zu machen."

"Mitten im Wald? Wenn anstatt Tannenzapfen Männer von den Bäumen fielen, vielleicht."

"Wir könnten in ihm die Vorstellung wecken, da bahne sich eine Romanze mit einem der Ärzte an. Und zwar mit einem, der genau das Gegenteil von Hans ist. Schlank, mit feingliedrigen Händen eines Chirurgen, nächtliche Waldspaziergänge im Mondschein und so weiter."

Dijana lächelte, und augenblicklich kehrte ihr gewohnter Frohsinn zurück. Sie hatte wirklich ein außergewöhnliches

Lächeln, das ihr unebenes Gesicht völlig veränderte. Es war von so anrührender Schlichtheit, so ehrlich und unprätentiös, daß Filiz sich nicht erinnern konnte, jemals Gesichtszüge erlebt zu haben, die das Glücksgefühl so leicht und offen ausdrücken konnten.

"Ich will ihn wiederhaben!" Ihre Stirn umwölkte sich erneut.

In ihrer Stimme lag ein Beben, ein kaum merkbares Klagen. Als gäbe es eine göttliche Gerechtigkeit, die ihren Hans zurückbrächte, wenn sie diese nur überzeugen könnte, ihn ernsthaft wiederhaben zu wollen. Der dunkle Schatten, der sich hinter ihrer fröhlichen Geschwätzigkeit, ihrer Sorglosigkeit verbarg, kam nur in solchen Momenten zum Vorschein. Dijana versteckte ihr wahres Ich im hintersten Winkel ihres Herzens, als sei es ein reißendes Ungeheuer, das vom Tageslicht ferngehalten werden mußte.

"Ich bin sicher, er kommt zurück", sagte Filiz gequält. Lügen und sich über Männer unterhalten mochte sie gar nicht. Sie glaubte nicht an Liebe, und ob sie an die Liebe geglaubt hatte, bevor sie in einer Zelle voller Blut und Schmerzensschreie die dreiunddreißig Tage zu zählen begann, daran konnte sie sich nicht mehr erinnern.

"Dijana! Dijana!"

"Was ist?"

"Wir verspäten uns! Bei diesem Tempo schaffen wir es nicht. Wir müssen die Abkürzung nehmen!"

"Augenblick, ich komme, dann überlegen wir."

Mit schwankenden Schritten eilte sie zu den Deutschen. Plötzlich spürte Filiz, daß Graciellas glühende Augen auf ihr ruhten. Sie wandte sich ihr zu und begegnete ihrem bitteren, vielsagenden Blick. Zwischen ihnen hatte sich plötzlich und ganz von selbst eine nicht in Worte faßbare Übereinstimmung vollzogen.

"Wenn du auf dieser Welt ein bißchen glücklich sein willst, mußt du dich in ein überall hinspringendes, hopsendes kleines Mädchen verwandeln!"

Graciellas Gesicht zeigte keine Regung. Ob sie wohl verstanden hatte? Sie hatte zweifellos!

"Hast du den Brasilianer Paolinho schon einmal gehört?"

"Nein. Eigentlich kenne ich die südamerikanische Musik fast gar nicht."

Unvermittelt begann Graciella zu singen. Es war wie ein Wunder: Unverhofft, überraschend, packend, ja, wunderbar ... "Vida e bonita..."

Eine unglaublich traurige, weiche Melodie, die einen ins Innerste traf. Eine Musik, die im selben Augenblick traurig und glücklich stimmte, die einen sowohl dem Tod als auch dem Leben näherbrachte. Filiz' Augen wurden feucht, sie schluckte, um nicht zu weinen. Und setzte man ihr den Lauf einer Waffe an den Kopf, sie hätte vor anderen nicht geweint, aber auch nicht gesungen.

"Die Worte besagen folgendes: Das Leben ist schön, ist schön, ist schön. Ist voller Leid und voller Freude, und trotzdem schön. Schäme dich nicht, glücklich sein zu wollen ... Paolinho ist auf der Straße geboren, hat im Elend gelebt und ist mit dreiunddreißig an Schwindsucht gestorben. Ich erzähle dir das nur, um dich davon abzuhalten, über diesen Text die Nase zu rümpfen."

"Wenn jemand, der im Abgrund lebt, behauptet, das Leben sei schön, muß ich wohl hinhören. Aber um diese Musik verstehen zu können, muß man wirklich außergewöhnliche Qualen durchlitten haben."

Dijana drängte sich zwischen sie. "Hör zu, Felicita, wir müssen die Abkürzung nehmen, die Zeit ist zu knapp. Kannst du die Tour über einen Bergpfad schaffen, die ein Pferd umbringen würde, die aber nur fünfundzwanzig Minuten dauert? Wie steht's mit den Blasebälgen?"

"Sie haben sich noch nicht beschwert. Aber ich verstehe nicht, wofür ist die Zeit zu knapp?"

"Das ist doch gerade der Gag, nicht zu wissen, wohin, bis wir am Ziel sind. Ob du noch mitkommen willst, mußt du hier und jetzt entscheiden, denn in den Bergen können wir dich nicht allein lassen, und auf den Schultern tragen können wir dich auch nicht."

"Ich komme mit. Auf halbem Wege umkehren ist nicht mein Ding."

"Los Mädels, Felicita ist mit uns! Frauen-Abteilung, vorwärts, marsch!"

Von allen Seiten Schreie, witzige Bemerkungen, Befehle: "Los, Amazonen-Express! Wir kommen! ... Auf zum Halali! ... Eher sterben als weichen!"

"Mein Gott, wie hysterisch, wie burlesk", dachte Filiz, "jetzt fangen wir auch noch an, Soldaten zu spielen. Eine Karawane halbirrer, schwindsüchtiger Frauen! Uns fehlen nur noch die Schellen! Mit Qualen atmende Frauen in einer grausamen Welt ..."

Mit Gekreisch tobte der Zug der Frauen zum Bergpfad. Die Waldbewohner flohen ins Unterholz, die Vögel verstummten, schweigend gab die Natur diesem lauten, täppischen, ichbezogenen Untier den Weg frei. Wie ein indianischer Pfadfinder eilte Dijana, die den Weg kannte, an der Spitze vorweg, bestimmte die Richtung, machte die Abzweigungen aus. Gleich hinter ihr waren Marthas und Gerdas breite Schultern zu erkennen. Kräftige, unbeugsame, nur auf sich vertrauende Schultern ... Mit schweren Schritten zogen die beiden über den Berg, öffneten wie eine gepanzerte Vorhut, notfalls Zweige und Buschwerk brechend, den Weg, bellten Befehle über ihre Schultern nach hinten. Wie eine aus dem Käfig geflohene Wildkatze kletterte Beatrice bergan. Ihre langen, geschmeidigen Beine, ihre Bergstiefel und nicht zuletzt ihre Jugend verliehen ihr die Sicherheit einer gelenkigen Bergziege, so daß sie hin und wieder sogar den in Schwierigkeit geratenen schwarzhaarigen Freundinnen die helfende Hand ausstrecken konnte.

Schweißgebadet an Dornsträuchern und Wurzeln hängend, auf festen Steinen Halt suchend, vor panischer Angst fast ohnmächtig, überstand Filiz die fünfundzwanzigminütige Waldwanderung. Immer wieder rutschte sie auf den glatten Tannennadeln aus, stolperte sie über knorrige Baumwurzeln. Sträucher rutschten ihr schrammend aus der Hand, zurückschnellende Zweige verpaßten ihr harte Ohrfeigen, die so lange nicht geforderten, verweichlichten Muskeln begannen wie Stimmgabeln zu vibrieren, und ihre Beine fühlten sich an wie zwei schwere, schmerzende Wasserschläuche. Wie kalte Schlangen liefen Schauer über ihren schweißtriefenden Rücken, und ihre Zähne klapperten. Sie war pitschnaß bis auf die Haut und konnte den Gedanken nicht verscheuchen, daß es für eine Lungenkranke, zudem zum ersten Mal mit Ausgangserlaubnis, tödlich sein konnte, so zu schwitzen. Hinzu kam, daß sich jetzt das im Jargon der Lungenkranken als "Warnpfeife" bezeichnete Atemgeräusch einstellte. Sie verfluchte ihren Leichtsinn, sich auf dieses Abenteuer eingelassen zu haben und ihre mit soviel Mühe wiedergewonnene Gesundung für nichts und wieder nichts aufs Spiel zu setzen. Fast hätte sie vor Erschöpfung, Reue und Hoffnungslosigkeit geweint. Aber wie immer, wenn sie in eine sehr schwierige Lage geriet, erinnerte sie sich an ihren ganz persönlichen Herrgott, flehte ihn an und reihte ihre Gebete aneinander.

Wie alle Schrecken, ob körperliche Schmerzen, ob Gefängnis, ging auch dieser Gewaltmarsch zu Ende, und Filiz konnte ihren starren Blick vom Trampelpfad lösen und sich endlich wieder umschauen. Denn in den letzten fünfundzwanzig Minuten, in denen jeder Schritt den Tod bedeuten konnte, hatte sie sich in ihrer Angst vergraben, sich nur mit ihrem Körper befaßt und der Umgebung überhaupt keine Beachtung geschenkt. Jetzt aber, als sie völlig außer Atem, mit rasendem Herzen und vom Salz brennenden Augen um sich blinzelte, gewahrte sie die märchenhafte Gegend, in die sie geklettert waren.

Sie befanden sich auf dem Kamm eines Berges, umgeben wie von einem riesigen Netz aus mannshohen Büschen, knorrigen Baumwurzeln und Gestrüpp. In vierzig bis fünfzig Metern Tiefe rauschte brüllend ein schaumbedeckter Fluß ungestüm durchs Tal, peitschte ununterbrochen mit großer Wucht die von ihm ausgehöhlten Felsen. Entlang dem ähnlich einem Horn gebogenen Lauf dieses Flusses bis hin zu einer scharfen Krümmung, wo er sich zwischen Felsen verlor, verlief ein von violetten großen Nelken gleichenden Blumen gesäumter Pfad, der wie ein fein besticktes Band als Verzierung in den Hang eingearbeitet zu sein schien. "Der Weg der lila Träume!" dachte Filiz.

"Hier werden wir hinunterklettern, Felicita. Du mußt sehr vorsichtig sein!"

Bestürzt betrachtete Filiz ihre Weggefährtinnen. Alle schienen völlig aufgelöst. Ihre blau angelaufenen, zerfurchten Gesichter waren verschwitzt und verdreckt, die Haare und ihre aus den Hosen gerutschten Hemden, unter denen sich die Brustwarzen abzeichneten, klatschnaß. Jede von ihnen war mehrmals gestürzt, hatte sich hier und da geschrammt und geschnitten. Worauf waren diese Frauen aus? Wofür all diese Mühe, diese Gefahren und Verletzungen?

"Hört mal zu, mir reicht es jetzt! Nicht genug, daß wir wie die Irren durch den Wald gerannt sind, jetzt auch noch diesen Abhang hinunterhetzen? Was ist eigentlich los?"

"Mach hier nicht den Spielverderber!" zischte Dijana. "Du hast versprochen, bis zum Ende mitzumachen."

"Versprochen habe ich gar nichts."

"Laß sie doch machen, was sie will!" Das war Martha, nein, Gerda.

"Felice, beiß die Zähne noch einmal zusammen, bitte! Glaub mir, es lohnt sich." Das war Graciella.

"Bitte, Filiz, mach schon!" Beatrice zog sie leicht am Arm.

"Los Mädels, es ist drei Uhr dreiundzwanzig, wir haben nur noch sieben Minuten!"

Wie Tannenzapfen, die durch einen Windstoß den Abhang hinunterkullern, schnellten die Frauen bergab. Mit letzter Kraft sich an Gestrüpp, Felskanten oder sonstwo festhaltend, streckenweise auf ihren Hintern rutschend, sich an den Händen fassend, hetzten sie zum Fluß hinunter. Ein falscher Schritt könnte zum lebensgefährlichen Sturz in die Tiefe führen. Auch Filiz war unwillkürlich zu einem Glied dieser Kette geworden. Ohne vorher darüber nachgedacht, geschweige denn, sich dazu entschlossen zu haben, hatte sie sich dem Ruf einer Übermacht gebeugt und beteiligte sich nun an dieser Reise entlang der schmalen, scharfen, glatten Grenze zwischen Leben und Tod. Die Gefahr hatte sie hellwach gemacht, hatte all ihre Sinne aufgepeitscht. Sie fühlte sich wie von einem erotischen Trieb gepackt. Ihr wurde gerade in diesem Augenblick bewußt, wie sehr sie doch das Leben liebte, und sie spürte bis ins Mark die Erregung, zu sein. Woran sie sich krallte, war nicht nur der Stein, der Strauch in ihrer Hand, das war der Wald, das Leben, die Welt, an die sie sich klammerte. Ein Baum, der fast parallel zum Fluß gewachsen war, kam ihr in die Quere. Wie ein Krake seine Fangarme, hatte er seine Wurzeln um die Felsen geschlungen, war es ihm mit Geduld, Trotz und Kraft gelungen, an diesem steilen Hang, auf den sein Schatten fiel, zu wachsen. Filiz hielt sich an einem seiner Arme fest, einen Augenblick nur, so, als reichten sie sich kurz die Hände, bevor sie ihren Weg ins Ungewisse fortsetzte.

Nach dieser Höllenfahrt waren sie in einer völlig anderen Welt gelandet. Keine schützenden Bäume, keine traumhaften Blumen, nichts, was auf Leben schließen ließ. Felsen, wohin man blickte, furchterregende, kalte Felsen! Sie waren viel größer, als sie von da oben ausgesehen hatten. Wie glänzende, schwarze Dolche ragten sie in den Himmel. Dazu das schreckliche Tosen des Flusses, seine grundlose, ungezielte Wut ... Filiz wähnte sich auf einer Bühne, die sich eine Schar von der Spiralfeder geschnellte Marionetten für ihr Rollenspiel ausgesucht hatte.

Vor Filiz' erstaunten Augen setzte sich Dijana auf einen Felsblock von der Breite eines Doppelbetts und nahm eine Pose wie aus einem drittklassigen Sexmagazin ein, indem sie die Knie leicht einknickte, die Beine V-förmig auseinanderbog und die Hände auf ihre Scham legte. Ihre Gesichtszüge erstarrten in einem Ausdruck, der den lustvollen Augenblick vor dem Orgasmus darstellte. Martha dagegen hatte sich in Profilpose zum Fluß ausgestreckt, ein Knie an den Bauch gezogen und die Arme unterm Kopf verschränkt. Auch in ihrem Gesicht dieser vulgäre, liebestolle, dirnenhafte Ausdruck. Gerda stellte in Kriechposition ihren prächtigen Popo zur Schau. Beatrice stand gebeugt, hatte einen Fuß auf einen Stein gesetzt und ließ die Arme baumeln. Ihre Wange lag auf ihrem Knie wie auf den Schultern eines geliebten Mannes, während ihre blauen, verträumten Augen auf dem Wasser ruhten. Verstört von dieser Szenerie sah Filiz sich nach Graciella um, doch auch sie hatte schon ihren Platz in diesem Spiel eingenommen: Auf einem Fels, der die Form eines Segels hatte, stand sie halbnackt, allein und regungslos wie die Statue einer Göttin. Sie hatte ihr Hemd ausgezogen, ihre Rechte in die Hüfte gestemmt und ihre Brüste leicht vorgestreckt. Filiz mußte an eine Taube denken, so natürlich, unschuldig, zerbrechlich. Hinter der silbernen Halskette verbargen sich vergeblich mehrere Brandmale zwischen zwei brombeerfarbenen Brustwarzen. Sie hatte ihre Augen auf einen Punkt im Himmel gerichtet. Die schlanken Finger ihrer linken Hand strichen über ihre halbgeöffneten, vom Durst gespannten Lippen, als wage sie nicht, ihre tiefe, schmerzende Leidenschaft in Worte zu fassen. Ihr ganzer Körper hatte sich wie ein in den Himmel gerichteter Pfeil gestreckt, jeden Augenblick bereit, von der Sehne ins Ziel zu schnellen. Filiz wähnte sich in einem unglaublichen Traum, aus dem sie sich nicht befreien konnte, überzeugt, daß in jedem Traum mehr Sinn und Logik steckte als in diesem.

"Felicita, nun mach schon, posiere, laß dir etwas Witziges einfallen!"

Verständnislos stand Filiz wie eine Sphinx noch immer da. Gerdas Präzisionsuhr schlug fünfzehndreißig. Nichts geschah. Eine nicht enden wollende Minute lang verharrten die Frauen fast atemlos in diesen lächerlichen, albernen Stellungen. Bis endlich zwischen den Felsen ein Kanu auftauchte. Darin vier junge Männer. Wie an den Emblemen ihrer Schwimmwesten erkennbar, vier junge, gesunde, kräftige Sportler aus der Rudermannschaft der siebzig

31

Kilometer entfernten H.-Universität, die sich mit ganzer Kraft in die Paddel stemmten, um nicht an den kantigen Felsblöcken zu zerschellen. Wie jeden Samstag, entdeckten sie die Frauen an derselben Stelle.

"Hallo, Wald-Elfen! Ihr schon wieder? Heute werden wir einen Abstecher in euer Dorf machen!"

"Los, Mädchen, zeigt doch ein bißchen mehr!"

"Wir werden eine Landestelle fürs Kanu suchen und zurückkommen, verschwindet ja nicht!"

"He, Rotschopf, was haben wir davon, wenn du deine Hose nicht ausziehst!"

Die Frauen gaben keine Antwort, kicherten nicht einmal. Sie waren wie versteinert, waren stumm wie Puppen.

Pfiffe, Rufe, zweideutige Bemerkungen, doch niemals weit unterhalb der Gürtellinie, einige unbekümmerte Späße über Dijanas anstößig gespreizte Schenkel, Gerdas Popo und Graciellas nackte Brüste ... Auch Felicita stand vor Staunen wie erstarrt, konnte ihre Augen nicht von Graciellas der ganzen Welt präsentierten Brüsten und Brandmalen wenden, konnte an nichts denken, sich an nichts erinnern, nichts empfinden. Bis sie endlich, das Kanu war ihren Blicken schon fast entschwunden, ihre Arme langsam gegen den Himmel hob, sie wie ein hölzerner Vogel seine untauglichen Flügel vergeblich ausstreckte und dann erschöpft über dem Kopf zusammenschlug. Dann vernahm sie wie von einer anderen Welt Graciellas Stimme durch das Tosen des dahineilenden Flusses und den sich immer weiter entfernenden Rufen: "Vida e bonita ..."

Tränen füllten Filiz' Augen, rannen wie zwei verdreckte Rinnsale über ihre erdverschmierten Wangen. Das Kanu war längst verschwunden, die Frauen waren mitten im Wald wieder allein.

Übersetzung aus dem Türkischen von Cornelius Bischoff

DIE LIEBE
DES SCHEICHS VON SAN'AN
Ein Hörspiel

HİDAYET KARAKUŞ

DIE PERSONEN UND IHR ALTER:

ERZÄHLER	30 Jahre alt
SCHEICH VON SAN'AN	70 Jahre alt
HELENE	18 Jahre alt
I. DERWISCH	40 Jahre alt
II. DERWISCH	40 Jahre alt
III. DERWISCH	40 Jahre alt
I. MÄDCHEN	18 Jahre alt
II. MÄDCHEN	18 Jahre alt
III. MÄDCHEN	18 Jahre alt
DER FREUNDLICHE DERWISCH	60 Jahre alt
DER PRIESTER	50 Jahre alt
I. MANN	30 Jahre alt
II. MANN	30 Jahre alt
III. MANN	30 Jahre alt

ERZÄHLER – In dieser Welt gleicht die Liebe einer Sturzflut. Wen sie erfaßt, reißt sie mit sich, schleudert ihn über steinigen Grund. Heute möchte ich Ihnen eine 800 Jahre alte Geschichte erzählen, die von unserem großen Dichter Ferideddin-i Addar in einem Gedicht besungen wurde. Sie handelt von der schicksalhaften Liebe des Scheichs von San'an, der er in den letzten Jahren seines Lebens verfiel. Nur daß unsere Geschichte nicht so ausgehen wird, wie weiland von Ferideddin-i Attar gesungen ... So weit, so gut ...

SCHEICH VON SAN'AN – *(im Selbstgespräch)* Hoffentlich ein gutes Omen! Oh Gott, ich lege meinen Glauben in deine Hand! Über mir kreisen dunkle Wolken.

I. DERWISCH – Hoffentlich nichts Schlimmes, mein Scheich, Sie sind so nachdenklich, machen ein sorgenvolles Gesicht. Was verdunkelt einem heiligen Mann wie Ihnen, der Tag und Nacht im Gebet verbringt, das Herz? Ihr Blick ist trüb, Schatten scheinen sich über Ihre Seele gelegt zu haben.

SCHEICH VON SAN'AN – *(kommt zu sich)* Du hier, Derwisch? Ich war in Gedanken. Du hast es erraten, ich bin bedrückt. Aber es geht vorüber. Man soll seinen Sorgen nicht auch noch nachsetzen. Läßt du sie links liegen, verlassen sie dich!

II. DERWISCH – Ich wünsche mir, daß Euer lauteres Herz sie verscheucht. Das Herz eines Scheichs von 400 Derwischen, eines Herrn unseres Volkes in guten und in schlechten Tagen.

III. DERWISCH – Wir befürchteten schon, lieber Scheich, Ihnen gegenüber einen Fehler begangen zu haben.

SCHEICH VON SAN'AN – *(aufgeregt)* Aber nein, aber nein! Beladet euch nur nicht mit Schuldgefühlen! Mein Zustand hat mit keinem von euch etwas zu tun. Er betrifft nur mein persönliches, mir vom Allmächtigen auferlegtes Schicksal. Offensichtlich werde ich geprüft.

I. DERWISCH – Scheich, verzeiht mir, doch daß ich frage, geschieht aus fürsorglicher Freundschaft. Seit fünfzig Jahren seid Ihr uns Unwissenden ein guter Scheich. Ihr füllt unsere Herzen mit Güte und unseren Geist mit Eurem Wissen. Wer anderes außer Gott weiß um Eure Geheimnisse? Aber auch wir möchten Ihnen helfen.

SCHEICH VON SAN'AN – Ich sehe, ihr alle seid beunruhigt, seid selbst besorgt wegen meiner Sorgen. Es ist also an mir, euch diese Last zu nehmen. Ja, ihr habt es erraten, mein Weg führte mich an einen Abgrund. Seit einiger Zeit verfolgt mich ein Traum: Ich habe meine Heimat verlassen und mich in einem oströmischen Land niedergelassen. Dort verneige ich mich fortwährend vor einem Götzen und bin dabei voller Neugier; aber auch voller Schrecken!

II. DERWISCH – Aber lieber Scheich, was gibt es da zu befürchten? Euer Glaube kann Berge versetzen, was kann ein Götze im Römerland Euch schon anhaben?

SCHEICH VON SAN'AN – Es gibt Zeiten, da reicht auch der Glaube nicht, und du erlebst, wie der Strom des Lebens über die Ufer tritt und alle Dämme bricht. Dein Herz wird schwach, deine Streitkräfte sind in heilloser Auflösung. Alles gerät in Vergessenheit, alles kann aus dem Gedächtnis des Menschen gelöscht werden.

III. DERWISCH – Mein erhabener Scheich, sagt uns nur nicht, Ihr wollt von uns gehen! Ohne Euer Licht bleiben wir verlassen zurück. Unser Vorbild im Glauben seid Ihr.

SCHEICH VON SAN'AN – Du hast mich mißverstanden, mein Sohn. Ich finde mich selbst nicht zurecht, wie soll ich dir da den Weg weisen. Wir haben gemeinsam viel Gutes erlebt, haben unsere Einsamkeit mit der Einsamkeit Gottes vereint, haben unseren Geist gereinigt. Das war alles. Aber dieser Traum scheint mich nicht loslassen zu wollen. Ich muß sofort ins Christenland, muß ergründen, was sich hinter diesem Traum verbirgt.

II. DERWISCH – Der Weg ist Euer, mein Scheich, Eure Größe zeigt den Winden ihren Lauf, gibt den Wassern ihren Glanz, doch Eure Abwesenheit wird unsere Heimat in eine Wüste verwandeln. Wollt Ihr es Euch nicht doch noch einmal überlegen? Lohnt sich die Mühe nur wegen eines Traumes? Warum solltet Ihr im hohen Alter noch Euren gottbefohlenen Körper strapazieren?

SCHEICH VON SAN'AN – Sind wir nicht alle einem Traumbild auf den Fersen, lieber Freund? Um meinen Körper sorge ich mich nicht, ich fürchte nicht für mein Leben. Ob ich am Ende dieses Weges meinen Glauben retten werde, darin besteht meine Angst. Ich brauche meinen Glauben, was ist dagegen schon alles übrige ...

I. DERWISCH – Nun, mein Scheich, da Ihr darauf besteht, kommen wir eben mit Euch. Ohne Euch sind wir hier doch wie Vögel, denen die Augen ausgelaufen sind. Ich werde die Derwische benachrichtigen, sie sollen sich für die Reise bereitmachen.

Musik ...

Geräusche einer großen Menschenmenge, nahe Schritte, Atmen

SCHEICH VON SAN'AN – Für mich habt ihr euch abgemüht, meine Kinder. Ihr habt Wüsten überwunden, Länder durchquert, Opanken durchgescheuert. Dazu hatte ich kein Recht. Doch ihr wolltet nicht auf mich hören. Der Traum war mein Traum gewesen. Was auch immer mich erwartete, ich war bereit. Und ich bin es noch immer. Seit Monaten wandern wir schon durchs römische Land, gibt es hier noch einen Winkel, wo wir nicht waren?

I. DERWISCH – Es ist an der Zeit, zurückzukehren, mein Scheich. Möge diese Reise eine Huldigung an Euer Traumbild sein. Es war uns wohl vorbestimmt, diese Gegenden zu sehen.

SCHEICH VON SAN'AN – Kind, noch bin ich nicht einmal auf den Schatten meines Traumes gestoßen, aber ich spüre etwas. Mein Herz ist nicht mehr, wie es früher war. Tief im Innern beginnt es unruhig zu werden. Mir ist, als nähere sich ein brennend heißes Licht, mein Herz, Grundpfeiler meines Glaubens, ist erschüttert. Laßt uns noch in diese Stadt hinein, ihre Straßen ziehen mich an.

Musik ...

Gemurmel, die Schritte werden langsamer.

SCHEICH VON SAN'AN – *(verzückt, außer sich)* Haltet an! Da ist sie, meine Sonne. Hier leuchtet die Schönheit wie das Mondlicht am Himmelszelt. Die Stimme meines Herzens sagt es mir. Warum ist jenes Fenster so schön, warum dieser Baum so voller Musik? Ich spüre ihren Duft in dieser Tür.

I. DERWISCH – *(leise zu den andern)* O Gott! Wir haben unseren Scheich verloren. Wie ein Hammer trifft die erste Liebe den Menschen, doch ist er dann noch jung an Jahren. In diesem Alter, eine Liebe am Ende des Lebensweges, da ist der Tod nicht fern ...

II. DERWISCH – *(ruft)* Mein Scheich, was hält Euch auf?

SCHEICH VON SAN'AN – *(hört vor Verzückung nicht)* Die Sonne wurde bleich, als sie dein Gesicht erblickte, oh meine Schöne! Jede Strähne deines Haars sei mir eine Fessel. Deine

Pupillen gleichen sprühender Glut; kein Höllenfeuer kann mich mehr verbrennen; deine Lippen lassen die Welt verdursten, deine silbernen Wangengrübchen mich meine Jahre vergessen, so hast du mich verjüngt.

III. DERWISCH – Lieber Gott, beschütze unseren Scheich! In dieser Fremde, in dieser Finsternis brauchen wir sein Licht mehr denn je!

I. DERWISCH – Das nimmt ein böses Ende, ein sehr böses. Kein gutgemeinter Rat kann meinen Scheich erreichen, auch Engelszungen könnten ihn zur Umkehr nicht bewegen ...

II. DERWISCH – Wir hätten ihm nicht folgen, sondern ihn daran hindern sollen, herzukommen. Doch die Vorsehung hat wohl gewollt, daß wir uns in der Fremde lächerlich machen.

Musik...

HELENE – Wer ist denn dieser Alte? Und was sucht er vor meiner Tür?

I. MÄDCHEN – Scheint ein Bettler zu sein.

II. MÄDCHEN – Als sei er dort vor Hunger zusammengebrochen.

III. MÄDCHEN – *(fröhlich)* Helene, deine Schönheit traf ihn wie der Blitz, kannst du das nicht begreifen?

HELENE – *(lacht laut)* Ich soll's gewesen sein? Diesen Tattergreis? Säh' ich's im Traum, ich glaubt' es nicht.

SCHEICH VON SAN'AN – *(zu sich selbst)* Oh, Schöne, mein Glaube ist dahin, zerstört sind meine Brücken. Wen immer dieser Lichtstrahl trifft, dem brennt er da drinnen alles nieder. Geduld, wo bist du geblieben? Geduld, dieser Feuerball, wo rollte er hin? Ich kann mich von dieser Tür nicht trennen. Hier ist mein Land, mein Glaube; Heimat, Haus und Herd sind hier, und hier ist auch mein Grab ...

HELENE – Ist er verrückt oder verhascht? *(ruft)* He, Opa! In deinem Alter solltest du dich schämen und eher um dein Leichentuch dich kümmern. Wie siehst du denn aus! Du brauchst wohl ein Stück Brot?

SCHEICH VON SAN'AN – *(zu sich)* Bin weder verrückt noch betrunken. Auch Opium hab ich nicht geraucht. Deine Tür ist Himmel und Hölle zugleich, meine Schöne, was kann ich dagegen schon tun!

Musik...

I. DERWISCH – Sagt Ihr nicht, das leuchtende Feuer der Liebe sei heilig? Dann laßt es in Eurem Inneren auch leuchten!

SCHEICH VON SAN'AN – Oh Kind, wenn es nur leuchtete, wär ich's zufrieden. Aber es brennt, es bringt mein Blut zum Kochen, entzieht mir das Lebenswasser, dörrt mich aus.

II. DERWISCH – Mein Scheich, es gibt für alles eine Lösung. Laßt uns heimkehren, unsere Vorbereitungen treffen und uns dann auf den Weg zur Kaaba machen. Dort erneuern wir unseren Glauben. Gott ist groß, er verzeiht alles.

SCHEICH VON SAN'AN – Sagtest du Kaaba, mein Kind? Steht die Kaaba auch nicht hier, so stehen hier doch Kirchen! Mich auch nur einen Zoll von der Geliebten entfernen, ist schlimmer als der Tod. Auf dieser Schwelle will ich beten, was gibt es denn Erhabeneres auf dieser Welt als der Liebe Schwelle!

III. DERWISCH – *(zu sich selbst)* Der Mann ist verrückt geworden. Ich erkenne ihn nicht wieder. Wie kann sich ein Mensch in so kurzer Zeit verändern und seinen Glauben mit Füßen treten? Ich begreife es nicht.

I. DERWISCH – Die Kehrseite des Himmels ist die Hölle, mein Scheich, Ihr wißt dies besser als wir!

SCHEICH VON SAN'AN – Mein Seufzen ist siebenfaches Höllenfeuer. Da drinnen ist jetzt die Hölle, du Kind, und ihre Kehrseite ist Leere!

II. DERWISCH – *(erbost)* Schäm dich vor dem Allmächtigen, wie willst du in diesem Zustand vor Gottes Antlitz treten?

III. DERWISCH – *(zum II. Derwisch)* Laßt Ihr es auch nicht an Ehrerbietung mangeln, mein Derwisch? Allein Allah ist unfehlbar! *(zum Scheich)* Nehmt es ihm nicht übel, mein Scheich. Kehrt zum

Glauben zurück, bereut und bittet um Vergebung! Gott ist gnädig, wie Ihr ja wißt.

SCHEICH VON SAN'AN – Meine Sonne, mein Gott ist dort! In jenem Haus. Mein Glaube ist dahin. Verwirrt und ratlos steh ich da. Was hat der Glaube bei einem Ungläubigen zu suchen? Wisset, daß mein Wort selbst mich nicht mehr bindet.

I. DERWISCH – Alle Mühe ist umsonst! Ich setze keine Hoffnung mehr auf unseren Scheich. Wir sollten hier nicht länger bleiben und in unsere Heimat zurückkehren!

III. DERWISCH – Sollen wir ihn denn in der Fremde, in einem fernen Land vor der Tür einer unbarmherzigen Schönen zurücklassen?

I. DERWISCH – Was bleibt uns anderes übrig? Unser Proviant ist aufgezehrt, fehlt nur noch, daß wir betteln müssen. Wegen seiner Liebe wendet sich unser Scheich der Kirche zu, und wenn es so weitergeht, werden wir uns vor Hunger noch eine Kuttenschnur um die Bäuche binden.

III. DERWISCH – Also, ihn hier zurücklassen und gehen, ja? Und was werden die anderen Derwische dazu sagen?

II. DERWISCH – Alle sind verstört und mitgenommen, haben Heimweh und fürchten, ihren Glauben zu gefährden. Sie wollen sofort zurück.

III. DERWISCH – Wir können ihn nicht im Stich lassen. Versuchen wir bis zuletzt, ihn zu überreden!

I. DERWISCH – Wie lange sollen wir ihn denn noch bitten? Was heißt überreden? Wir haben uns ihm schon zu Füßen geworfen, haben gejammert und gefleht. Er hat nicht einmal die Ohren gespitzt! Die Liebe hat ihn blind gemacht. Er will nicht zurück. Aber meinetwegen, gedulden wir uns noch ein bißchen!

Musik...

Ein Hund winselt, fernes Wasserrauschen

SCHEICH VON SAN'AN – *(mit müder Stimme)* Komm her zu mir, Bruder Hund! Dich und mich hat derselbe geschaffen. Aber in mein Herz legte er eine derartige Liebe hinein, daß all meine Ringmauern in Feindes Hände fielen. In mir brennt es wie Feuer. Aber was weißt du schon von der Liebe, genügsam wie du bist. Für einen Knochen bewachst du die Tür. Siehst du das Fenster dort, dahinter wohnt meine Sonne. Aber sie beachtet mich nicht, macht mein Herz zum Fußabtreter, wirft meine Liebe in den Staub. Und dennoch beklage ich mich nicht. Sogar ihre feindseligen Blicke lassen mein Herz höher schlagen, hat sie mich doch angeschaut, von mir Notiz genommen.

Hundewinseln, fernes Plätschern, Laufgeräusche von Hundepfoten, der schwere Atem des Scheichs, das Geräusch plätschernden Wassers kommt näher

SCHEICH VON SAN'AN – Hier an diesem Brunnen werden die Krüge meiner Liebsten täglich gefüllt. Doch weil ich hier stehe, ist sie kein einziges Mal mehr auf die Straße gekommen. Ich habe ihre Schwelle geküßt, meine Hand auf die Hauswand gelegt, habe alle Gebete, die ich kenne, an ihr Fenster geflüstert, doch sie mißachtet mich weiterhin.

Ein Fenster wird geöffnet ... Mädchenlachen ...

I. MÄDCHEN – *(lachend)* Kommt schnell her, Mädchen! Seht euch den Scheich an, er hat sich mit einem Hund angefreundet!

II. MÄDCHEN – Helene, tut er dir im Innersten nicht leid?

HELENE – Was kann ich denn dafür? Würdest du denn einen siebzigjährigen, gebrechlichen Mann erhören, ihn in deine Arme nehmen?

III. MÄDCHEN – *(hintergründig)* Es kann ja nichts passieren, warum also nicht!

Schallendes Gelächter

HELENE – Mitleid habe ich schon, aber was kann ich denn tun? Sein Herz mag danach verlangen, meines jedenfalls nicht. Was soll die Liebe noch in seinem Alter? Ein komischer Kerl eben ...

I. MÄDCHEN – An deiner Stelle würde ich eines Nachts einmal mit ihm sprechen.

HELENE – Er starrt doch vor Schmutz, und vor Armut hängt sein Zeug in Fetzen. Käme ich nur in seine Nähe, drehte sich mir der Magen um.

III. MÄDCHEN – Wenn der jünger wäre, wäre er gar nicht so übel.

I. MÄDCHEN – Seit einem Monat hängt der Arme hier schon herum. Er fängt an, mir leid zu tun.

II. MÄDCHEN – *(spöttisch)* Wäre er in dich verliebt, hätte seine Not wohl jetzt ein Ende.

Gelächter

HELENE – Ich bin doch sehr neugierig darauf geworden, wer er ist, was er macht ... *(ruft)* He, Alter, was stehst du so verloren da? Drückst dich im Christenviertel herum und weichst nicht von meiner Schwelle? Warum nur?

SCHEICH VON SAN'AN – *(freudig)* Mein Gott, ich danke dir! Sie wurde neugierig auf mich. *(Zu Helene)* Du siehst ja, meine Schöne, wie demutsvoll ich hier vor deiner Türe stehe. Laß ab von deinem Stolz und ziere dich nicht länger. Ich bin verliebt, und ich bin alt. Um dein Gesicht zu sehen, steh' ich seit Monaten schon hier. Quäle mein Herz nicht länger, indem du dich verweigerst!

HELENE – *(streng)* Ach du hochbetagter, großer Einfaltspinsel, du solltest dich schämen! Stehst mit einem Fuß doch schon am Grab. Dein Atem ist kalt, und kraftlos sind deine Knie. Und da willst du mit mir zusammenleben! Zieh ab in deine Heimat, geh nach Haus!

SCHEICH VON SAN'AN – Ich habe meinen Verstand verloren. Himmel und Hölle setzte ich in Bewegung, müßte ich auf deinen Anblick verzichten. Meine Heimat, mein Zuhause, das bist du!

HELENE – *(lacht)* Hast nichts zu beißen und träumst von Liebe? Du findest ja nicht einmal einen Bissen Brot, um satt zu werden.

SCHEICH VON SAN'AN – Verstehst du denn nicht, du Schöne, ein einziges Lächeln von dir nimmt mir den Hunger, dein Zorn schon nimmt mir den Durst. In deinen Blicken sonne ich mich. Meine Welt hab ich für dich verkauft. Die Liebe fragt nicht nach Jugend oder Alter ...

HELENE – Nun gut, nachdem du so darauf erpicht bist, und wenn du dich darin so gut auskennst, so werde ich vier Dinge von dir verlangen!

SCHEICH VON SAN'AN – Mir genügt, daß du es willst. Mein Auge sieht nur dich, sonst niemand auf der Welt. Das Haar der Geliebten ist mir das stärkste Band.

HELENE – Dann hör mir zu, alter Mann, wenn du wirklich der Vasall der Liebe bist, dann bete einen Götzen an, verbrenne den Koran, lege deinen Glauben ab und trinke Wein! Würdest du das tun?

SCHEICH VON SAN'AN – Wein trinke ich schon seit langem, die anderen drei Dinge fallen mir nicht schwer.

HELENE – Nun gut, dann komm herein und gib dich in meine Hände!

Musik...

I. MÄDCHEN – Bist du noch bei Sinnen, Helene? Wie kannst du so einen Mann in dein Haus lassen?

HELENE – Siehst du's denn nicht, der Mann ist fast am Ende. Und was kann er uns schon schaden. Laß ihn ein bißchen Wein trinken und zu sich kommen, und wir haben unser Vergnügen ...

Schritte ... Türenschlagen ... ein Glas wird gefüllt ...

SCHEICH VON SAN'AN – *(zu sich selbst)* Träume ich oder erlebe ich es wirklich? Ist sie es, die mir gegenübersitzt?

Das Lachen der Mädchen

I. MÄDCHEN – Du hast dein Herz erweichen lassen, Helene, ich bin gespannt, wohin das führt.

HELENE – Ich werde ihn prüfen. Mal sehen, wie weit seine Liebe geht.

Musik...

SCHEICH VON SAN'AN – So, du Schöne, jetzt habe ich auch den Wein getrunken. Trinkt ein verliebter Mann auch noch Wein, ist er verloren. Nüchtern habe ich noch keinen Götzenkult getrieben, aber in diesem Zustand würde ich vor ihm sogar den Koran verbrennen.

HELENE – So, nun bist du meiner würdig. Angenehme Ruhe! Du warst in der Liebe noch unerfahren, jetzt bist du gereift. Ich habe dir Einlaß unter meinem Dach gewährt, erwarte von mir nicht mehr!.

Musik...

I. MANN – Helene soll sich in einen muslimischen Scheich verliebt haben.

II. MANN – Da irrst du dich, verliebt hat sich der Scheich. Keine Sorge, Helene ist ihrem Glauben treu, sie hat den Mann zum Christentum bekehrt.

III. MANN – Warum bindet er sich dann keine Kuttenschnur um? Und muß er sich dann nicht auch in der Kirche taufen lassen?

I. MANN – Wir müssen es Helene erklären. Es geht nicht an, daß ein Ungläubiger unter uns weilt ...

Musik ... Orgelspiel ...

PRIESTER – Oh, betagter Mann, mein Bruder. Mögest du bei uns glücklich werden. Gott verzeihe dir. Diese Kuttenschnur ist gleich jener, die unser Herr Jesus trug. Die heilige Maria möge dich in ihre Arme nehmen, und Jesus, unser Herr, beschütze dich. Auf daß kein Fleck auf deine Seele fällt, mein Bruder!

SCHEICH VON SAN'AN – Für mich ist das Antlitz der Geliebten anbetungswürdig. Sie ist wie Jesus, macht den Toten lebendig, haucht dem Seelenlosen Leben ein. Mein Leben ist in ihrer Hand.

Musik...

SCHEICH VON SAN'AN – Nun habe ich auch meinem Glauben abgeschworen, bin aus Liebe von meinem Weg abgeirrt. Hast du sonst noch einen Wunsch, Geliebte, so befiehl! Wurde ich auch zum Gespött, es schert mich nicht. Seit fünfzig Jahren glich mein Herz einem Meer der Geheimnisse, und nur ein Augenblick der

Liebe reichte, es zu trüben. Hier, nimm auch mein Ordenskleid, was wiegt es denn noch neben der geschnürten Kutte eines Mönchs ...

HELENE – Hast du's bereut, betagter Weggefährte, du Belustigung in meinem Haus, so sag es mir!

SCHEICH VON SAN'AN – Wer im Buch der Liebe liest, erfährt die Weisheit aller Suren des Korans.

HELENE – Mich wundert, wie du in deinem Alter diesen Sturm in deinem Herzen aushalten kannst.

SCHEICH VON SAN'AN – Weil du ihn entfachtest, ertrage ich ihn, was kümmert dich alles weitere. Doch sag mir eins, Geliebte, wann werden wir vereint, nur darauf kommt es an! Denn was ich tat, tat ich, um mit dir eins zu sein.

HELENE – Ach, mein bejahrter Gefangener! Mein Preis wiegt sehr schwer, du aber bist sehr arm.

SCHEICH VON SAN'AN – Soweit es die Geheimnisse meines Herzens anbelangt, ist mir nicht bang. Doch weiß ich nicht, ob dieser Reichtum dir von Nutzen ist.

HELENE – *(lacht)* Wie weltfremd du doch bist in deiner Einfalt. Für deinen Zweck braucht's Gold und Silber. Wenn du davon nichts hast, dann seh' ich schwarz für dich!

SCHEICH VON SAN'AN – Mein Hab und Gut hab ich für diese Reise ausgegeben, du Schöne mit der Silberhaut.

HELENE – *(entschlossen)* Wenn du kein Geld hast, zieh von dannen, mein Alter! Laß dir dein Zehrgeld geben und mach dich auf den Weg. Geh schnell wie der Wind. Für das andere fasse dich in Geduld!

SCHEICH VON SAN'AN – He, Gertenschlanke, hör endlich auf mit diesem Gerede. Du täuschst mich jeden Augenblick mit einem neuen Spiel.

HELENE – *(erbost)* Wie kommst du denn darauf? Wen habe ich getäuscht? Wann habe ich dir was versprochen?

SCHEICH VON SAN'AN – Du stelltest vier Bedingungen, ich habe sie allesamt erfüllt.

HELENE – Ich verstehe. Nun, wenn du mich unbedingt zur Deinen machen willst, wenn du mich so in dein Herz geschlossen hast, dann hör mir zu: Ein ganzes Jahr lang wirst du ohne Rast und Ruh meine Schweine hüten!

SCHEICH VON SAN'AN – Ich tu's, auch das werde ich tun! Ein Jahr, was ist das schon ... Gleich einem Kompaß bestimmt deine Liebe meinen Lebensweg. Nicht nur die Schweine in deinem Koben, ich bin bereit, die Schweine der ganzen Welt für dich zu hüten. Der Reichtum meiner Liebe hält auch dem noch stand. Doch letzteres hätt' ich nicht sagen sollen, der Mensch soll sich nicht brüsten. Nur eines solltest du noch wissen: Wer sein inneres Schwein nicht erkennt, sollte sich vor sich selbst hüten ...

Musik...

I. DERWISCH – Heut Nacht hatte ich einen bösen Traum. Ich sah mich am Kreuze hängen, und der Scheich trieb den letzten Nagel durch meine Hand.

II. DERWISCH – Möge sich's zum Guten wenden! Doch wir hörten es schon, unser Derwisch hat den Glauben gewechselt.

III. DERWISCH – Allmächtiger, erhalte meinen Verstand! Ein Mann, der jahrelang für seinen Glauben gelitten und über den Glauben geschrieben hat, wendet sich vom Islam ab und wird zum Christen?

II. DERWISCH – Der Priester gab ihm seinen Segen, schlang eine Kuttenschnur um seine Hüfte. Und er soll das Haus dieses ungläubigen Mädchens nicht verlassen. Es heißt, er wird auch ihre Schweine hüten.

I. DERWISCH – Er blamiert uns vor der islamischen und auch der christlichen Welt.

III. DERWISCH – Wenn es so ist, müssen wir ihm folgen und auch Christen werden.

II. DERWISCH – Schlag dir an die Brust, los, schlag dir an die Brust! Auf den Trümmern des Glaubens hält sich kein Fundament eines neuen.

I. DERWISCH – Warum sollen wir auch um unseren Glauben kommen!

III. DERWISCH – Vergeßt nicht, daß nur Gott weiß, wer den rechten Glauben hat. Da habt ihr schon eine Prüfung: Sollen wir den Scheich im Stich lassen, uns mit den anderen zusammentun und ihn tadeln?

I. DERWISCH – Mein Denkvermögen steht am Scheidewege, ich weiß nicht ein noch aus. Klammere ich mich an meinen Glauben, komme ich um meine Menschlichkeit, halte ich mich an die Menschlichkeit, komme ich um meinen Glauben ...

Musik...

III. DERWISCH – Und du, der aus unserer Mitte schied, um sich bösen Spielen hinzugeben, wir kehren in unsere Heimat zurück. Was hast du nun beschlossen? Sollen wir bei dir bleiben und uns auch mit einer Kuttenschnur gürten?

SCHEICH VON SAN'AN – Das darf ich von keinem von euch verlangen. Doch meinetwegen grämt euch nicht, kehrt ihr nur heim!

I. DERWISCH – Wir können deinen Anblick nicht länger ertragen, deswegen trennen wir uns von dir und flüchten.

II. DERWISCH – Wir stecken bis zum Hals in Sünde, mein Scheich. So können wir wenigstens zur Kaaba pilgern, um Trost im Gebet zu finden und um zu vergessen, was wir hier sehen.

SCHEICH VON SAN'AN – Sind euch Gebete wichtiger als das täglich Brot? Auch wenn ihr mich nicht mehr seht und noch einen Schimmer Hoffnung habt, wird euer Schlaf ein dorniger sein.

I. DERWISCH – Wir wissen, daß Euer Herz voll Güte ist und wollten Euch nicht verletzen; wir wollten nur ausdrücken, wie verletzt wir selber sind.

SCHEICH VON SAN'AN – Solang ich lebe, reicht mir die Kirche. Und das Christenmädchen gibt mir neue Lebenskraft. Ihr seid freie Menschen, meine Freunde. Und ihr könnt nicht nachvollziehen, was mit mir geschah. Ihr habt ja so etwas noch nicht erlebt.

I. DERWISCH – Sollen wir in der Heimat von Euch etwas ausrichten, mein Scheich?

SCHEICH VON SAN'AN – Sagt die Wahrheit, wenn man nach mir fragt; verheimlicht nichts! Sagt, seine Augen seien voll blutiger Tränen, sein Mund sei mit Gift gefüllt. Er sah ein Mädchen und verlor seinen Verstand, verzichtete auf seinen Glauben und auch darauf, ein Scheich zu sein... So lächerlich, wie sich Verliebte oft gebärden, so mache ich mich zu Gespött. Und ob mein Leben dieses Feuer in mir überdauern wird, weiß ich nicht.

II. DERWISCH – *(weint)* Dieser Abschied zerreißt mir das Herz. Ich möchte lieber bei dir bleiben und hier sterben!

SCHEICH VON SANA – Dies Feuer gilt nur mir, und ich will diese Hölle allein ertragen. Laßt euch nicht aufhalten, tretet frohen Mutes den Heimweg an!

Musik...

FREUNDLICHER DERWISCH – Nun, meine Brüder, seid willkommen! Erzählt! Ich vermisse unseren Scheich. Was ist mit ihm, wo ist er?

I. DERWISCH – Uns wäre wohler, wenn wir darüber schwiegen!

III. DERWISCH – Es steht uns eigentlich nicht an, von ihm zu berichten.

II. DERWISCH – Wir müssen dennoch den Willen unseres Scheichs erfüllen und die Wahrheit sagen und nichts verschweigen.

FREUNDLICHER DERWISCH – Nun schiebt es nicht auf die lange Bank und sagt schon, was geschah!

I. DERWISCH – Ein Christenmädchen hat ihn an sich gefesselt und seinen Glaubensweg ... *(die Stimme wird leiser und verklingt)*

Musik...

FREUNDLICHER DERWISCH – Ihr wißt wohl nicht, was treue Freundschaft ist! Warum habt ihr nicht vor allem zu unserem Scheich gehalten? Als er sein Gewand zur Mönchskutte schnürte, hättet ihr es ihm gleichtun müssen! Ihr müßt euch schämen!

47

Gerecht sein heißt, die Freundschaft zu wahren! Jahrelang habt ihr ihm an den Rockschößen gehangen ... Doch gerade jetzt, da er euch wirklich brauchte ...

I. DERWISCH – Wir wollten es ja. Wir schlugen ihm vor, zu bleiben und auch eine Kuttenschnur anzulegen, doch er hat abgelehnt. Wer in den Strudel der Liebe gerät, dem ist nicht viel zu helfen, Freund Derwisch.

FREUNDLICHER DERWISCH – Ja, es liegt in der Natur der fleischlichen Liebe, sich über alles hinwegzusetzen, und da ihr sie nicht kennt, könnt ihr's auch nicht begreifen, schon gar nicht helfen, da habt ihr recht.

II. DERWISCH – Ein bißchen trieb uns auch die Hoffart des Rechtgläubigen, der seinen Glauben über alles setzt.

FREUNDLICHER DERWISCH – Kann der Mensch denn seinem Schicksal entrinnen, Freund! Wem die Liebe vorbestimmt ist, den trifft sie auch in der Öde des Berges, sogar beim Gebet in der Kaaba.

III. DERWISCH – Was ist also zu tun, Freund Derwisch?

Freudlicher Derwisch: Laßt uns Tag und Nacht für ihn beten, daß er von diesem Fluch befreit werde!

I. DERWISCH – Ist nicht auch die Liebe wie ein Gebet, Freund Derwisch? Eine andere Art von Anbetung, der unser Scheich sich hingibt, indem er sich an einen Teil der Schöpfung verliert?

FREUNDLICHER DERWISCH – Wie wahr du sprichst! Fragt sich, ob die höhere Liebe seines Herzens von einer niederen, der fleischlichen, zerstört werden kann.

I. DERWISCH – Und wiederum können wir nicht wissen, welche Liebe in diesem Fall gottgefälliger ist.

II. DERWISCH – Ich denke, unser Scheich hat Diesseits und Jenseits ergänzt, hat mit der Liebe der Helene eine Lücke seines Selbst gefüllt. Wer könnte jetzt glücklicher sein als er?

III. DERWISCH – Ist er wirklich glücklich?

Musik...

HELENE – Was ist mit dir, mein Scheich von San'an, hast nun erreicht, was du wolltest und machst dennoch kein glückliches Gesicht. Fällt's dir so schwer, meine Schweine zu hüten?

SCHEICH VON SAN'AN – Keine Arbeit dieser Welt fällt mir schwer. Doch ging ich durch eine Tür, die ich nicht kannte, ließ mich durch deinen Duft um meinen Glauben bringen. Ich bin nicht mehr derselbe und muß erst wieder zu mir finden.

HELENE – *(verwirrt)* Soll das heißen, du bist meiner überdrüssig?

SCHEICH VON SAN'AN – Deiner überdrüssig? Du wiegtest schwerer als mein Glaube. Wieviel in dieser Welt dem Menschen doch verschlossen bleibt, wie gern würd' ich zu allem vordringen! Ich bin zu deinem Glauben übergetreten und stelle fest, er ist wie meiner. Durch eine neue Liebe kann auch er zerstört werden.

HELENE – Und was heißt das?

SCHEICH VON SAN'AN – Von dir bekommt man nie genug, liebe Helene. Du hast mich verändert. Ich habe meine Fehler erkannt. Ich bin es eigentlich, der jetzt von dir etwas erfahren will. Habe ich dich verletzt, Helene? Hab' ich dir Kummer gemacht?

HELENE – Wann soll das gewesen sein?

SCHEICH VON SAN'AN – Hab' ich seit jenem Tag, an dem du mich zum ersten Mal bemerktest, dich mit einem Wort verletzt? Hab ich meinen Glauben über den deinigen, mich über dich gestellt?

HELENE – Nein, Scheich von San'an, deine Menschlichkeit und Güte beschämten mich. Du hast mich in deine Geheimnisse eingeweiht. Du hättest das Leuchten in deinem Gesicht sehen müssen, als du vergeblich mich zu freien versuchtest.

SCHEICH VON SAN'AN – Welch schöne Worte aus deinem Mund, Helene. Aber sie beantworten nicht alles. Da ist noch etwas, dem ich nachjage, jedoch nicht benennen kann.

HELENE – *(besorgt)* Eine neue Schöne etwa?

SCHEICH VON SAN'AN – *(erkennt ihre Besorgnis nicht)* Die Liebe ist stark, aber nicht unendlich. Sie verändert uns, kann angesichts unvergleichlicher Schönheit todbringend sein ...

HELENE – Ich verstehe, du willst mich verlassen. Du bist meiner überdrüssig. Deine Liebe ist erlahmt. Aber du sollst wissen, daß diesmal ich es bin, die dir auf den Fersen bleibt.

SCHEICH VON SAN'AN – Ich verlasse niemanden, ich flüchte vor mir selbst, Helene.

HELENE – Wenn du willst, trete ich zu deinem Glauben über. Ich löse eigenhändig die Kuttenschnur von deinem Gewand und werfe sie fort.

SCHEICH VON SAN'AN – Meine Religion? Sie hat mich geprägt. Aber auch deine Religion prägte mich. Ich habe mich verändert, ich bin ein anderer geworden. Ich werde nie mehr der Scheich von San'an sein. Auch wenn man es von mir verlangte, ja, auch wenn ich es wollte.

HELENE – Wenn du glaubst, bist du stark, mein Scheich!

SCHEICH VON SAN'AN – Nein, wenn ich liebe, bin ich stark. Meine Hoffnung wächst mit meiner Liebe.

HELENE – Welche Hoffnung? Was ist das für eine Hoffnung? Kannst du mich daran nicht teilnehmen lassen? Sieh doch, wie verstört ich bin. Ich bin auch nicht mehr das eigensinnige Mädchen von damals. Die garstige, eitle Helene gibt es nicht mehr. Mein Gesicht glüht vor Liebe.

SCHEICH VON SAN'AN – Es ist die Hoffnung, zu Gott zu gelangen, Helene. Kein Prophet ist dem Menschen näher, als dieser sich selbst.

HELENE – Mach mir nicht angst, ich bitte dich. Mir wird so eng ums Herz. Alle Dinge verraten mir insgeheim die Wahrheit: Du bist nicht mehr hier, bist nicht mehr bei mir.

SCHEICH VON SAN'AN – Ich bin jetzt nirgendwo. Du hast mich in meinem Elend erlebt, meine Einsamkeit genossen, hast mir unter unzähligen Demütigungen Einlaß gewährt.

HELENE – Sei so gut und erinnere mich nicht mehr daran! Zumal der Sturm, den deine Liebe entfachte, dies alles hinweggefegt hat! Da ist etwas Echtes, hatte ich mir gesagt, in der Liebe dieses Mannes steckt etwas Echtes! Mit dir habe ich es erlebt und mich in der unendlichen Milde deines Herzens so sicher gefühlt.

SCHEICH VON SAN'AN – Ich habe dein Herz erobert, Helene, habe gelitten, aber mich nicht abschrecken lassen. Ich habe mich auch nicht beklagt. Es hätte sich nicht geziemt, über deine Liebe zu klagen. Auch über meinen Glauben kann ich nicht mehr reden. Heute nacht oder morgen in aller Frühe, ich weiß es nicht ... Ich weiß nicht, wo ich sein werde.

HELENE – *(aufgeregt)* Der Bann ist gebrochen, ich weiß. Ich habe den Sinn, der aus deinen Worten floß, aufgesogen, habe alle Worte, die deine Stimme formte, gehört. Als du mir dein in Jahren des Gebetes geläutertes Herz hinwarfst, erschrak ich vor dir. Jetzt bete ich dich an.

SCHEICH VON SAN'AN – Du betest den Falschen an, Geliebte. Ich bin ein gewöhnlicher Mensch, ja, nur noch Mensch ...

HELENE – *(bestürzt)* Wo ist deine Kuttenschnur, auch sie ist nicht mehr da ...

SCHEICH VON SAN'AN – Sie löste sich von selbst und fiel ab. Der Glaube soll des Herzens Auge nicht trüben. Wir können uns in unseren Ordenshäusern, in unseren Kirchen nicht einschließen und beten, wenn auf der Welt zahllose Menschen leiden. Deswegen will ich Mensch sein, wie jeder andere auch. Ich wähnte die Wahrheit in den Büchern, die ich las. Dabei gibt es soviel Bücher, wie es Menschen gibt auf dieser Welt. Da reicht unsere Zeit nicht, sie zu lesen. Doch irgendwo muß ein Anfang gemacht werden. Und eben nach jenem Buch bin ich auf der Suche.

HELENE – Den Sinn deiner Worte verstehe ich nicht, Geliebter, doch wohin du auch gehst, ich werde dir folgen.

SCHEICH VON SAN'AN – Belaste dich nicht! Und wieviel Tage habe ich denn noch zu leben? Für mich bist du mein schönster

Lebenssinn, stehst über allen Büchern. Mein Leben aber kann ein jähes Ende finden, kaum daß ich den Fuß vor diese Tür gesetzt habe. Doch du vor allem, du sollst leben! Erobere auch weiterhin die Herzen mit deinem Geist und deiner Schönheit!

HELENE – Wie lebe ich denn? So sinnvoll wie eine Zierblume hinter Fensterscheiben? Das ist vorbei, Scheich von San'an. Bist du es nur, der sich verändert hat? Ich bin nicht mehr diejenige, die dich Schweine hüten ließ! Wo du dich beugst, will ich mich auch verneigen!

SCHEICH VON SAN'AN – Ich werde nirgendwo mich noch beugen, liebe Helene. Das letzte Küßchen drückte ich tiefgebeugt auf die Schwelle deiner Liebe, weißt du's nicht? Was will ich mehr!

HELENE – Du willst mich nicht verstehen, Scheich von San'an. Du hast mich gelehrt, meine Stärke zu erkennen, hast mich aber auch deine Kraft spüren lassen. Das Wunder der Wahrheit hat mich verstört. Warum beharrst du darauf, mich allein zu lassen? Wo sind sie geblieben, die Tage freudiger Erfüllung?

SCHEICH VON SAN'AN – Was ich von dir gelernt habe, behalte ich für mich. Es soll sich nicht verschleißen. Du warst die letzte Freude meines Lebens, und wirst mit deiner ganzen Frische in meinem Herzen weiterleben. Und sei gewiß, ich werde noch im Tode lächelnd an dich denken. Die Nacht zieht mich mit aller Macht zu sich, ich spüre den Geruch von Erde.

Regentropfen fallen

HELENE – Es regnet, deshalb riecht es nach Erde.

SCHEICH VON SAN'AN – Dann also gute Nacht, Geliebte, mein Mädchen, meine Braut! Morgen beginnt auch für uns beide ein neuer Tag. Nur kurz wird meine Reise währen, wie mir scheint. Solltest du mich vermissen, blicke aus dem Fenster dorthin, wo du mich zum ersten Mal entdecktest.

HELENE – Du sprichst, als würden wir uns nicht wiedersehen. In deinen Augen spiegelt sich die Ewigkeit, du hast dich ja schon auf den Weg gemacht.

SCHEICH VON SAN'AN – Die Ewigkeit ist in dem, was wir erleben, Geliebte. Sie ist in unserer Liebe. In jenem verzauberten Wasser fließt sie dahin, die Ewigkeit.

Musik...

FREUNDLICHER DERWISCH – Brüder, heute Nacht sah ich unseren Derwisch.

I. DERWISCH – Ein gutes Omen, hoffentlich! Wie sah er aus? Verjüngt?

II. DERWISCH – Ich würde ihn gern wiedersehen!

III. DERWISCH – Ich denke immer noch darüber nach, ob es richtig war, was wir taten. Daß wir ihn sich selbst überließen, belastet mich noch immer.

FREUNDLICHER DERWISCH – Unser Scheich spielte mit einem goldenen Ball. Ich komme nicht dahinter, was dieser Traum bedeutet.

I. DERWISCH – Er möge Gutes bedeuten. Wer außer Gott kann schon wissen, wer rechtschaffen ist, wer nicht!

II. DERWISCH – Der Zauber der Liebe ist auch Gottes Werk. Er trennte den Scheich von uns, seinen Gefährten.

III. DERWISCH – Hätten wir ihn von diesem Zauber nicht befreien können?

II. DERWISCH – Ein zauberlösendes Gerät wurde noch nicht erfunden. Auch mit unseren Gebeten konnten wir gegen diesen Zauber nichts ausrichten.

FREUNDLICHER DERWISCH – Wenn ihr mich fragt, so lebt unser Derwisch mit diesem goldenen Ball. Er fand einen Glauben, stärker als den unsrigen. Er ist in eine andere Welt eingegangen, doch hat er für diese Fahrt kein Boot irgendeiner Religion benutzt.

I. DERWISCH – Und was soll das jetzt heißen?

II. DERWISCH – Was das heißen soll, kannst du selbst herausfinden. So viele Jahre hast du schon im Derwischkloster verbracht, hast dieselbe Luft mit unserem Scheich geatmet.

FREUNDLICHER DERWISCH – Mir wird so leicht ums Herz, meine Freunde, unser Scheich befindet sich in himmlischen Gefilden, sein Gesicht leuchtet jetzt vor Liebe.

III. DERWISCH – Könnten wir doch auch nur einmal vom Wein unseres Derwisch kosten ...

Musik...

ERZÄHLER – Ich weiß, daß ich jetzt überflüssig bin. Aber der Autor hat mich so in dieses Spiel hineingeschrieben. Wozu man mich noch braucht, nachdem schon alles gesagt worden ist, nein, das begreif ich nicht ...

Musik...

Übersetzung aus dem Türkischen von Cornelius Bischoff

ROTSCHAL

FIKRET DOĞAN

Ich habe ihn wohl gerufen,
meinen Gesichtsausdruck von früher,
aber er kam nicht.

Samuel Beckett

Zuerst kommen die Fehler, dann die Einsamkeit. Dies ist wahrscheinlich die traurige Einsicht eines vom Schicksal geprüften Mannes, der das Leben aus seiner Retrospektive verstehen will, aber dabei doch begreift, daß er im Hinblick auf die Zukunft leben muß. Wenn es allerdings ein Geständnis sein soll, was es tatsächlich auch ist, dann ist alles verloren. Ich weiß, daß ich irgendwo Mist gebaut habe, vielleicht auch mehr als einmal, das will ich nicht leugnen.

Aber alles ging so schnell, daß es vorbei war, bevor ich noch begriffen hatte, was geschah. Und als sich der Sandsturm gelegt hatte, gab es immer noch Dinge, die im Dunkeln blieben. Ganz genau weiß ich nur eines: Ich war auf den Hintern gefallen wie ein Boxer, der total zusammengeschlagen worden war und mit entstelltem Gesicht auf dem Boden lag. Da nützt kein Jammern: Man kapiert eh' erst, daß man einen Kopf hat, wenn man selbigen an die Wand schlägt. Dabei glich anfangs alles einem fröhlichen Spiel: Mit einem Studenten, der auf der Suche nach Gott war, teilte ich eine Zeit lang meine Wohnung; bei einem bemitleidenswerten Zuhälter, der schwitzte, wenn es kalt war, und fror, wenn es warm wurde, fand ich Arbeit, und ich verliebte mich in eine rothaarige Hure. Auf einmal gerieten die Dinge außer Kontrolle, ein Unglück jagte das andere, und das Ergebnis war, daß ich Anteil hatte am Zusammenbruch von zwei der erwähnten drei Leute. Aber das war vor zwei Jahren.

Inzwischen ist viel Wasser den Fluß hinuntergelaufen, ich dachte, ich hätte das Geschehene vergessen. Doch ich habe mich getäuscht. Eine einmal gerissene Wunde heilt nicht leicht, wie ein innerlich kochender Vulkan reißt sie immer wieder auf, wenn der Schmerz einsetzt. Wenn ich jetzt zurückblicke, sehe ich mich als Schatzsucher auf der Jagd nach einem vergrabenen Schatz; dabei gab es weder eine Karte noch einen Beweis dafür, daß dieser Schatz wirklich existiert, nur eine Vorahnung, das war alles. Außerdem kann ich die Hoffnungen eines Grabräubers nicht teilen, denn die Vergangenheit ist kein Toter, den wir ausschlachten können, höchstens ein Gespenst, dessen Goldzähne schon längst gezogen sind und dessen kalten Atem wir jeden Augenblick im Nacken spüren.

Im Frühjahr 1990 erlebte ich mit einer Frau namens Rita, die drei Jahre älter war als ich, also kaum 25 geworden, unabhängig, unberechenbar, zu keiner Zeit verläßlich, Strohfeuer einer aufflammenden und verlöschenden Liebe. Ich erzähle das nicht, weil ich ausdrücken will, daß wir gemeinsam viel Lustiges und Trauriges hinter uns gebracht haben, daß wir schlaflose Nächte zusammen verbrachten. Ich will bloß sagen, daß ich in meinem ganzen Leben keine verrücktere Frau als Rita gekannt habe.

Wenn es darum ging, augenblicklich auszuführen, was einem in den Sinn kam, zum Beispiel, einfach so schnell mal nach Rom zu fliegen, um eine gute Pizza zu essen, dann konnten selbst die auffälligsten Neureichen Rita das Wasser nicht reichen. Ich habe Rita zum ersten Mal in einer windigen Aprilnacht gesehen, wie sie auf dem Marktplatz mit Pinseln in der Hand, die ein Vermögen gekostet hatten, mit Spraydosen und Farbkübeln zu ihren Füßen, in Riesenlettern gepfefferte antifaschistische Parolen an die Kirchenmauer schmierte. Zuerst fiel mir eine Zeile ins Auge, die behauptete: "Mit Auschwitz hat Hitler alle je von der Menschheit verübten Morde ins Reine geschrieben". Sie war sich ihrer Sache und ihrer selbst anscheinend so sicher, daß sich jeder, der sie an meiner Stelle gesehen hätte, genauso in sie verliebt hätte. Am nächsten Morgen wachte ich in einem halbdunklen Zimmer, in das das Sonnenlicht wegen eines die Fensterscheiben verdeckenden Lindenbaums nicht vordringen konnte, in Ritas Bett auf, als eine rabenschwarze Katze mit einer roten Schleife am Hals auf mir auf- und abzuwandeln begann. Mit zerkratztem Gesicht sprang ich erschrocken auf, und auch in den folgenden vier Jahren konnte ich mich nicht an diesen behaarten Sack gewöhnen, der mir solche Angst eingejagt hatte. Wie sagt man doch so schön im Türkischen: "Eine schwarze Katze ist zwischen uns gefahren." Wegen Ritas beharrlichem Schweigen in dieser Angelegenheit ist nie herausgekommen, warum dieses unglückbringende Geschöpf mit den Augen eines Pharaos, von dem ich fest überzeugt war, es sei vom Teufel in diese Welt geschickt worden, um Unglück über mich zu bringen, auf einen schön klingenden, für eine Katze etwas Besonderes darstellenden Namen wie "Rotschal" getauft worden war. In der Wirre jener Tage habe ich mir weder Gedanken darüber gemacht noch danach gefragt. Ich hatte wahrscheinlich instinktiv gewußt, daß Rita mir darauf keine Antwort geben konnte und diese Möglichkeit einfach ignoriert. Überhaupt gefiel sich Rita darin, einen Vorhang von Geheimnissen um sich zu hüllen. Immer wenn ich sie etwas zu ihrer Vergangenheit fragte, speiste sie mich mit ausweichenden Antworten ab. Was wußte ich über sie, außer, daß sie in dem Krankenhaus neben dem Gebäude, in dem ihre Wohnung lag, als Krankenschwester arbeitete und daß sie ein Fan der Musik Tom Waits' war. Ich bin von Natur aus kein aufdringlich neugieriger Mensch; dann laß ich sie eben, sie muß es wissen, wenn sie nichts sagen will. Wer mit mir nicht will, den schaue ich auch mit dem Hintern nicht an, verstehste Mann, das war's dann. Da braucht keiner eingeschnappt zu sein. Rita und ich, wir waren wie zwei Fahrgäste, die im Bus zufällig nebeneinander sitzen, deren Wege sich aber an der Endstation unweigerlich trennen. Damit die Zeit schneller vergeht und wir uns nicht langweilen, haben wir uns eben so über alles Mögliche unterhalten. Natürlich habe ich ihr nicht auf die Nase gebunden, daß ich hier ganz alleine herumvegetiere, seit meine Eltern vor einem Jahr für immer in die Türkei zurückgekehrt sind. Die Lage mag gewesen sein, wie sie war, das hinderte mich allerdings nicht daran, ihr wie ein treuer Knecht zu folgen und die Hand für sie ins Feuer zu legen, wenn es nötig war. Von Anfang an war ich nicht so sehr ihr Liebhaber wie ihr Aufpasser, der Schmiere steht, während sie die Welt in Flammen setzt. Ich war ein Mittäter, mehr nicht. Doch diese Mittäterschaft sollte mich teuer zu stehen kommen. Während ich auf Rita aufzupassen versuchte, versäumte ich in meiner Eigenschaft als blutjunger Student der Soziologie meine Vorlesungen. Und da ich schon mal draußen war, wurde es nie wieder etwas Rechtes mit dem Studium. Da ich von Rita einiges gewöhnt war und daher auch auf alles gefaßt, wäre es gelogen, wenn ich jetzt sagen würde, ich hätte mich sehr gewundert, als sie mich verließ, ohne eine Nachricht zu hinterlassen. Sie hatte nur mitgenommen, was man so für eine kurze Reise braucht. Ein bißchen Unterwäsche, einige warme Pullover, ein paar Strümpfe, zwei Jeans und einen Anorak. Weil es eben so genau zu ihrer Art paßte, zu verschwinden, ohne eine Nachricht zu hinterlassen, habe ich mir wirklich nichts Schlimmes dabei gedacht. Kein Grund zur Beunruhigung, sagte ich mir, wahrscheinlich spielt sie wieder irgend jemandem einen Streich und kommt dann zurück mit einer Geschichte, über die wir uns köstlich amüsieren werden. Aber kurze Zeit später erkannte ich, daß ich mich schwer getäuscht hatte. Noch zwei Wochen nach ihrem Verschwinden dachte ich, es sei zu früh, sich irgendwelche Sorgen zu machen, denn sie hatte ja Rotschal, ihre geliebte Katze, nicht mitgenommen, also würde sie bestimmt wiederkommen, denn eine längere Trennung würde entweder Rotschals oder meinen Tod bedeuten. Einen Schreck bekam ich erst, als ich in dem Krankenhaus, in dem sie arbeitete, anrief und die Oberschwester mir bedeutete, daß sie entlassen worden sei. Also war die Lage schlimmer, als ich es mir vorgestellt hatte. Anstatt tatenlos herumzusitzen, krempelte ich die Ärmel auf und begann mit meinen

Nachforschungen. Jemand hat sie bestimmt gesehen, dachte ich mir und kämmte die Kneipen durch, die wir gemeinsam durchstreift hatten. Ich wandte mich an die Polizei, ich ließ in den Krankenhäusern nachfragen, ich setzte Verlustanzeigen in die Zeitungen. Ich rief beim örtlichen Radiosender an und schüttete im Rahmen der Live-Sendung "Hab mein Lieb' verloren" meinen Kummer aus. Dem leisesten Hinweis ging ich nach, aber sie war nirgendwo, natürlich, ich sag's nur dahin, denn eigentlich, kein Ort ist nirgendwo. Ich konnte auch von der Polizei nichts Handfestes über ihre Vergangenheit erfahren. Sie war in einem Waisenhaus groß geworden, hatte keine Angehörigen, man wußte nicht einmal, wer ihre Eltern waren. Schließlich warf ich das Handtuch und gab mich damit zufrieden, nur noch in angespannter Erregung zu warten. Ich war ständig darauf gefaßt, daß irgendwo eine Bank ausgeraubt würde, ein Flugzeug entführt, vielleicht aus dem Fluß ein Leichnam geborgen oder das Regierungsgebäude in die Luft gesprengt und Ritas Name in solch einem Zusammenhang genannt wurde. Die Möglichkeit, daß sie von irgendwoher schreiben würde, bannte mich tagelang an den Briefkasten. Bei jedem Klingeln des Telefons stürzte ich mich auf den Hörer. Eines Tages hatte ich begriffen, Rita war ihren Weg gegangen, ob nun, weil sie mich nicht mehr liebte oder auch weil sie mich schützen wollte. Aber es war ja von Anfang an klar gewesen, daß aus unserer Verbindung nichts werden konnte. Also gab es jetzt keinen Grund, warum ich den Kopf hängen lassen sollte. Außerdem hatte es mir ja auch nicht das Herz herausgerissen, als sie gegangen war. Ich mußte mich eben damit begnügen, daß ich fünf Monate mit einer Frau zusammengelebt hatte, die Farbe in mein Leben gebracht hat. Und jetzt, da ich Abschied von ihr nehmen mußte, fiel mir nichts Besseres dazu ein, als die Musik von Tom Waits aufzulegen, die Rita so sehr geliebt hatte, dabei ganz fest an Rita zu denken, wenn er so mit erstickter Stimme vor sich hingrölte, und mir dabei einen abzureiben. Damals ahnte ich noch nicht, daß meine Geschichte Ritas Fußspuren folgen sollte.

Im Februar des darauf folgenden Jahres habe ich dann den Mietvertrag für die Wohnung auf mich überschreiben lassen. Unser Vermieter, Herr Fischer, hatte keine Schwierigkeiten gemacht, denn er kannte mich. Nur beim Unterschreiben des Mietvertrags setzte er pflichtbewußt eine wichtige Miene auf und informierte mich darüber, daß ich keinen Nagel in die Wände schlagen dürfe, daß ich die Kacheln im Bad nicht zerbrechen dürfe, daß ich die Rolläden sorgfältig benutzen, die Türen langsam schließen solle, und, falls ich ebenfalls die Absicht hätte, mich aus dem Staube zu machen, ich ihn darüber gefälligst einen Monat vorher in Kenntnis setzen sollte. Von außen sah die Wohnung, die während der Weimarer Republik von einem jüdischen Tabakhändler gebaut worden war, unmöglich aus: Der Sandstein war schwarz geworden, der Putz bröckelte, und im Hof, wo die Mülltonnen standen, hatten sich in der zerfallenen Außenmauer die Tauben niedergelassen. Gott allein wußte, wann das Gebäude zum letzten Mal renoviert worden war. Aber im Vergleich zu dem winzigen Zimmer mit der niedrigen Decke, das ich im Studentenwohnheim bewohnte, war dieses hier ein Schloß. Am allerwichtigsten war natürlich, daß die Kneipe, in der ich gewöhnlich herumhing, ganz in der Nähe war. In der Gegend wohnten hauptsächlich Türken und Italiener, und deshalb gab es auch an jeder Ecke einen Dönerladen oder eine Pizzeria. Was sich an Deutschen in diese Gegend verirrte, waren höchstens Studenten, die anstatt zu studieren, die meiste Zeit mit Nichtstun verbrachten. Als in Jugoslawien der Bürgerkrieg begann, tauchten in der Gegend vereinzelt bosnische und kroatische Flüchtlinge auf, zu denen sich bald nigerianische, ghanaische oder kurdische Familien gesellten. Damit war die bunte Mischung komplett. Neben einer Moschee, die in einem zweistöckigen Lager provisorisch eingerichtet war, befand sich eine Sexbar, deren Schaufenster des Nachts rot erleuchtet waren. Auch an Geräuschen mangelte es nicht. Die Glocken der Pestalozzikirche dröhnten neben heimatlichen Klängen aus türkischen und italienischen Wirtshäusern. Musik drang aus Spelunken, die von Arbeitern und Angestellten frequentiert wurden. Aus Kneipen klangen Punker- und Rockertöne, sogar aus der Polizeistation nebenan drang Lärm herüber. Von den Straßen quollen tausend verschiedene Sprachen aus Kinderkehlen herauf, und über den Höfen, durch die kreuz und quer Wäscheleinen gespannt waren, ging die Sonne unter. Ich stand am Fenster und drückte mir die Nase daran platt, als ich auf das Durcheinander da unten sah, und ich mußte daran denken, daß früher in dieser Gegend Juden wohnten und heute gestrandete Schiffbrüchige. Vielleicht war es das Schicksal dieser Gegend, ein Ghetto zu sein, obwohl dies eigentlich eine respektable Gegend war, unsere Nachbarschaft. Wenn man davon absah, daß genau im Nebenhaus ein Irrenhaus war, in dem harmlose Irre und ein paar Alkoholkranke behandelt wurden.

Als mit der Junihitze das Kino, in dem ich an Wochenenden als Filmvorführer arbeitete, plötzlich geschlossen wurde, war ich arbeitslos geworden. Und weil es meine Gewohnheit war, immer von der Hand in den Mund zu leben und alles entsprechend auszugeben, hatte ich nicht einmal mehr Geld, um mich ein paar Monate über Wasser zu halten. Natürlich bekam ich den gängigen Studentenkredit, aber der reichte gerade für Miete und Nebenkosten. In den ersten Wochen verdiente ich meinen Lebensunterhalt damit, daß ich mal hier und mal dort jobbte, als Kellner oder als Tellerwäscher. Der Gedanke, einen zweiten Mieter für die Wohnung zu finden, kam mir urplötzlich, als ich für einen Hungerlohn fettbeschmutzte Teller wusch und drauf und dran war, alles hinzuschmeißen. Dutzende von Leuten, die meinen Aushang in der Mensa gelesen hatten, kamen zu mir und fragten nach dem Zimmer, denn gerade in jener Zeit war es so, daß eine Einwandererwelle die andere jagte. Es war sehr schwer, ein Dach über dem Kopf zu finden. Die Leute, die ich abwies, gefielen mir zum Teil nicht, und zum Teil fand ich, daß sie einfach nicht zu mir paßten. Wenn Leute, die unter einem Dach wohnen, in verschiedene Richtungen tendieren, dann gibt es dort bestimmt über kurz oder lang ein paar blaue Augen. Wenn man die Sache so betrachtet, dann war bestimmt Tevfik der letzte Mensch, mit dem ich unter einem Dach zusammen sein konnte. Seine Augen hinter den dicken Brillengläsern sahen traurig in die Welt. Er trug einen beleidigten Gesichtsausdruck und verstand augenscheinlich nichts von Humor. Außerdem wäre es für mich ein guter Grund gewesen, ihn mit einem Tritt in den Hintern von meiner Schwelle zu verjagen, daß er morgens um 10.30 Uhr, einer für mich unmöglich frühen Zeit, schon vor meiner Tür stand. Was er da in gebrochenem Deutsch vorbrachte, das klang nicht, als ob er sich nach den Mietvereinbarungen erkundigte, sondern als ob er einen Paragraphen aus dem Grundgesetz vorläse. "Wenn wir eine Party machen, dann ist die einzige Bedingung, daß wir möglichst viele Mädchen in die Bude bekommen", versuchte ich es mit Humor. Ich weiß nicht warum, aber plötzlich schien er sich daran zu erinnern, daß ich ja auch ein Türke war und begann in einem reinen, klaren Türkisch mit mir zu sprechen, das ich seit langem nicht mehr gehört hatte. Meine erste Reaktion darauf war, mir zu überlegen, wie ich diesen Langweiler am schnellsten wieder los würde. Außerdem war ich wahnsinnig müde und in diesem Augenblick wirklich drauf und dran zu sagen, hör mal, lieber Freund, du gefällst mir nicht, für dich habe ich kein Zimmer, als das Wunder geschah. Ich traute meinen Augen nicht, als plötzlich Rotschal aus dem anderen Zimmer pfeilgeschwind in die Küche sprang, in der Tevfik sich in einen Stuhl gelümmelt hatte, und sich ihm auf den Schoß setzte. Rotschal ließ zu, daß Tevfik seine langen, dünnen Finger durch ihr Fell gleiten ließ! Das war etwas Unerhörtes. So, als ob ein Neo-Nazi und ein Asylant einander die Hände schütteln würden. Zum ersten Mal in meinem Leben wurde ich Zeuge, daß Rotschal eine andere Person als Rita an sich heran ließ. Also so sah die Sache jetzt aus: Plötzlich hatte die eigentliche Hausherrin ihre Wahl getroffen, und mir blieb nichts anderes übrig, als zuzustimmen. Ich glaube nicht, daß es in den letzten zwei Jahren einen ruhigen Tag gegeben hat, an dem ich diesen meinen Entschluß nicht bereute. Es war einfach gewesen. Als ich Tevfik und Rotschal so in schöner Vertrautheit zusammen sah, zuckte ich mit den Schultern und sagte mir, naja, jetzt bin ich wenigstens die ewigen Frager los, die am frühen Morgen schon klingeln, und außerdem kam noch dazu, daß ich von dem einwandfreien Türkisch, das der Kerl draufhatte, bloß profitieren konnte.

Über kurz oder lang merkte ich, daß ich mich getäuscht hatte. Tevfik war ein in sich gekehrter schweigsamer Mensch, dem man jedes Wort mit der Beißzange aus dem Mund ziehen mußte. Er sonderte sich von allen Menschen ab in der Furcht, ihre Lebensfreude könnte eventuell auch auf ihn übergehen. In gewisser Weise konnte man sagen, daß Rotschal ihren Bruder, der jahrelang vermißt war, plötzlich wiedergefunden hatte. Tevfik war der Sohn einer reichen Istanbuler Reederfamilie, man hatte ihn nach Europa geschickt, damit er Betriebswirtschaft studiere, und es war klar, daß man nach Beendigung seines Studiums von ihm erwartete, das Geschäft seines Vaters zu übernehmen. Er aber hatte sich geweigert, die ihm zugedachte Rolle zu spielen und sich ohne Wissen seiner Eltern schon im zweiten Semester in die geisteswissenschaftliche Fakultät eingeschrieben hatte. Bücherregale nahmen sämtliche Wände seines Zimmers ein, er steckte die Nase von einem Buch ins andere, als ob er es sich zu seiner Lebensaufgabe gemacht hätte, die Existenz Gottes nachzuweisen. Ansonsten schien ihm die Welt völlig gleichgültig. Er wäre so gerne gläubig gewesen, brachte es aber einfach nicht fertig zu glauben. Er war wie einer, der ins Bodenlose gefallen war und sich nach einem stützenden Ast umsah. Also, wenn sie mich fragen, könnte einer mit dem schönen Geld seines Vaters ganz andere Abenteuer erleben. Es ging mir nämlich ganz schön auf die Nerven, daß ich mich hier abrackern mußte, während er mit dem Geld, das regelmäßig eintraf, sorglos lebte. Wenn ich besoffen war, stichelte ich: "Wenn es Gott gibt, dann ist er bestimmt ein Alkoholiker, und was wird aus dem Universum, eine Scheißwelt der Schmerzen ist es!" An Tagen wo es ihm gut ging, verrichtete er gewissenhaft fünfmal täglich sein Gebet gegen Mekka, er ging in die

Moschee und sah fast nichts außer dem Gebetsteppich, aber nachdem er sich dem, was er Meditation nannte, ernsthaft hingegeben hatte, begann er wieder zu zweifeln. Er lachte über irgendwelche obskuren Texte in den heiligen Büchern. Schließlich geriet sein Glaube wieder ins Wanken, und er wurde das Opfer einer tagelang anhaltenden Schlaflosigkeit. Schweißgebadet drehte er sich im Bett herum, und ich hörte aus meinem Zimmer, wie er Gott anrief, damit er doch mit ihm spräche. "Solche Sorgen sind das Privileg der Reichen!" lachte ich bitter in mich hinein und nickte. Aber dann tat er mir doch wieder leid, wenn seine Qual in einem beängstigenden Schweigen sichtbar wurde. Ich nahm ihn mit in Kneipen und Discos und versuchte, ihn wieder auf den Boden der Tatsachen zurückzubringen. Ich versuchte mich sogar als Zuhälter und schob ihm ein paar Mädchen zu, aber das einzige, was er konnte, war, die Mädchen endlos vollzuquatschen. Außerdem fing er an, mir vorzuwerfen, ich steckte mit dem Teufel unter einer Decke und versuchte, ihn ins Verderben zu führen. Es war zum Verrücktwerden, da war dieser Mann in einer Umgebung aufgewachsen, in der es von Wissenschaftlern, von Künstlern nur so wimmelte, jeden Tag mit Kultur in Berührung gekommen, hatte Privatschulen besucht, und war schließlich ein schwermütiger Dummkopf geworden. Im Frühjahr 1992 ist er dann vollständig übergeschnappt. Die Hoffnung, aus Büchern irgend etwas zu lernen, hat er ganz aufgegeben. "Was soll dieses ewige Lernen und Forschen, man kehrt doch immer wieder an den Anfang zurück", sagte er. Einmal war er soweit gewesen, daß er der Überzeugung war, Gott in seinem Herzen gefunden zu haben. Er war wie ein weiser Mönch, der zur Ruhe gekommen war. In allem, was er hörte und sah, fand er geheime Zeichen, und jedes dieser Zeichen interpretierte er als Beweis für die Existenz Gottes. Daß die Mülltonne am Donnerstag geleert wurde, daß Bayern München in der letzten Minute ein Tor hinnehmen mußte und dadurch das Spiel verlor, daß die Grubenarbeiter streikten, alles das waren Zeichen für die Existenz Gottes. Natürlich waren dies sichere Anzeichen, daß er ausgeflippt war, aber ich lachte nur darüber und beachtete sie nicht weiter, denn ich vermutete auch eine feine Selbstironie hinter diesen Worten. Aber einmal trieb er das Spiel zu weit und jagte sogar mir Angst ein. Ich saß wie so oft in seinem Zimmer zwischen seinen vielen Büchern und rauchte eine selbstgedrehte Zigarette. Da sah er mir in die halbgeschlossenen Augen und schrie: "Du sitzt auf Nietzsche!" Wenn wir in meinem Zimmer gewesen wären, dann würde ich jetzt auf dreckigen Socken sitzen, dachte ich und ließ mich nicht beirren. "Sind wir nicht glücklich, Elisabeth?" fragte ich ihn. Als er daran erinnert wurde, daß er mich selbst in sein Zimmer eingeladen hatte, um mir seine große Entdeckung zu offenbaren, war er sehr darauf bedacht gewesen, mit keinem Wort die letzten Tage Nietzsches, die dieser mit seiner Schwester verbracht hatte, zu erwähnen. Zunächst begann er von Fikret Mualla, einem traurigen hinkenden Maler, der seine Bilder für eine Flasche Wein zu verkaufen pflegte, dann wendete er seine scharfe, spitzzüngige Kritik einem Dichter zu, der ebenfalls unbekannt war: Neyzen Tevfik. Nach einigen Anspielungen auf den gemeinsamen Namen kam er dann triumphierend zum letzten Akt seines Spiels und erklärte mir vertrauensselig, als würde er mich in ein großes Geheimnis einweihen, daß beide Dichter wegen ihres Alkoholismus in der Irrenanstalt gelandet seien. "Der Fikret und der Tevfik, die waren im Irrenhaus, genauso wie wir beide, he, wenn das kein Zufall ist?" Obwohl ich wußte, daß er von mir zustimmende Worte erwartete, wehrte ich mich dagegen und erwiderte: "Ich kapier das nicht, Mann, ich rauche Haschisch und du wirst davon high". Der schwafelte vielleicht einen Blödsinn! Man kann doch den gleichen Vornamen mit jemandem haben, ohne ihm gleich ähnlich zu sein. Ich war kein Maler, und er war kein Alkoholiker. Er legte ein Ohr an die Wand und flüsterte: "Nur eine ganz dünne Wand trennt uns vom Irrenhaus, auf der anderen Seite ist das Irrenhaus". "Wo du bist, ist sowieso immer das Irrenhaus", bemerkte ich und zog tief an meiner Selbstgedrehten. Aber Tevfik tat so, als hätte er mich nicht gehört, klebte sein Ohr fast an die Wand und fuhr fort: "Nachts höre ich ihr Geschrei, ihre Schmerzen fühle ich, ich kann sogar ihre Träume erahnen. Es ist, als ob sie bei mir wären." Er suchte weiter nach unsinnigen Zusammenhängen zwischen Namen und Schicksalen. Tevfik Fikret, Tevfik erstarrte, plötzlich war er auf den Namen eines Dichters gekommen, der als Atheist bekannt war. Der Schuß war nach hinten losgegangen. Nachdem er einige wenige Worte über diesen Dichter verloren hatte, wurde er plötzlich still, wie ein Soldat, dem das Bajonett abhanden gekommen ist. Ich ließ ihn mit seinem Kummer allein. Von da an deutete er keine Zeichen mehr, und er versuchte nicht mehr, Zufällen nachzujagen. Diesen Fehler beging von nun an ich.

Im Winter 1993 hatte ich es mir in den Kopf gesetzt, irgendwie zu einem Gebrauchtwagen zu kommen. In den Nächten, in denen ich mich herumtrieb, schlief ich am Ende bei irgendeiner Frau auf dem Schoß ein oder ich mußte mit eingezogenem Schwanz den Weg nach Hause antreten und dabei unsinnige Summen an Taxigeldern berappen. Das paßte mir schon lange nicht mehr. Ich hatte mir überlegt, wenn ich ein paar Monate den Gürtel enger schnallen und einer regelmäßigen Arbeit nachgehen würde, könnte ich vielleicht das nötige Geld zusammenkratzen. An einem Nachmittag, an dem sich an den Fenstern vor Kälte Eisblumen bildeten, war ich in der Mensa und beging den Fehler, meinen Kommilitonen dort zu erzählen, daß ich auf der Suche nach einem Job war, weil ich mir einbildete, die könnten mir in der Sache weiterhelfen. Sofort regnete es Anspielungen derart, ha, ha, das will jeder, was du nicht sagst. Nur der Cemil, den sie den schönen Cemil nannten und der sein Brot, wie wir alle wußten, durch seinen steifen Schwanz verdiente, indem er überreifen Damen, die sich am Ende ihrer Vierziger noch einmal nach ihrer Jugend sehnten, und verheirateten etablierten Familienvätern noch einmal zu einem Orgasmus verhalf, der erwähnte, es gäbe in einem Luxusbordell einen Job, der frei sei, man suche dort einen Kassierer. Als er sah, daß ich interessiert war, lächelte er dreckig und sagte mit einer nasalen, leisen Fistelstimme: "Die Arbeit ist wie auf dich zugeschnitten, man sucht einen Schwulen." Daß Tevfik bei Frauen nicht ankam, war schon lange in aller Spötter Munde, aber dieses Mal färbte sein Ruf auch auf mich ab, und ich war Zielscheibe seines höhnischen Spotts. Um mich nicht unterkriegen zu lassen, mußte ich den Angriff wählen und fuhr ihn an, ob er sich wohl selbst angesprochen fühle. Und als die Unterhaltung immer lebhafter wurde, das heißt, als unser Wortgefecht am hitzigsten war, fragte einer der Anwesenden plötzlich Cemil, warum er denn so komisch flüsterte. Diese Gelegenheit, mich zu rächen, ließ ich mir nicht entgehen und frotzelte: "Ich hab ihm gestern abend meinen Schwanz zum Lutschen gegeben, und er hat sich verschluckt!" Am Tisch brach ein Gelächter aus, sogar Cemil mußte über meinen Witz lachen. Als ich an diesem Tag aus der Mensa herausging und meine Nase in den eisigen Wind steckte, dachte ich nicht mehr an die Sticheleien, nein, nein, das einzige, was mir im Ohr geblieben war, war der Name des Luxusbordells, den Cemil einige Male erwähnt hatte: Rotschal!

Ich weiß nicht mehr, was mich zwei Tage nach diesem Gespräch trieb, jenen Sumpf aufzusuchen, war es meine Neugier, war es Schicksal? Es war ein Tag wie in einem Märchen, und die Schneeflocken tanzten in der Luft, als ich das vierstöckige Haus von weitem sah, das durch das rote Licht, das aus seinen Fenstern strahlte, von weitem einem geschmückten Weihnachtsbaum ähnelte. Vor der Eingangstür stampfte ich mir den Schnee von den Füßen, und plötzlich stieg die Erinnerung an Rita in mir auf, und mein vor Kälte fast erstarrter Zeigefinger fand wie von selbst den Weg zu der Klingel, die wie eine Frauenbrust geformt war. Bekanntlich steht der Satz "Aber das Schicksal flocht unerbittlich seine Fäden" in jedem drittklassigen Roman; das könnte ich jetzt auch schreiben, um das Unheil, das im Verborgenen lauerte, anzukündigen. Denn plötzlich ging die Tür auf und eine süßlich riechende, schwüle Dunkelheit zog mich nach innen. Eine tief dekolletierte, übertrieben geschminkte Frau empfing mich lächelnd. Als ich ihr eröffnete, daß ich kein Kunde war, sondern wegen der freien Stelle gekommen sei, führte sie mich zum Chef. Während ich die Gänge entlang ging, sagte mir meine innere Stimme, daß die Namensgleichheit zwischen der haarigen Katze zu Hause und diesem Bordell hier kein Zufall sein konnte, es war das einzige Indiz, das ich hatte, um den geheimnisvollen Schleier um Rita zu lüften. Gleichzeitig aber beruhigte ich mich, indem ich mir sagte, Mensch, du wirst ja auch verrückt, du warst zu lange mit Tevfik zusammen. Diese Namensdeuteleien sind doch Quatsch, außerdem, welchen Sinn sollte es haben, eine abgeschlossene Geschichte von neuem zu beginnen. Manfred, der Inhaber von Rotschal, war ein nervös aussehender Mann um die vierzig, der mit spärlichem Haarwuchs gesegnet war und jeden voller Mißtrauen beäugte. Er trug über einem rosafarbenem Seidenhemd einen geschmacklosen dunkelroten Anzug aus glänzendem Stoff. Ich war etwas verwirrt, als ich bei ihm eintrat, denn als ich den Korridor entlang ging, wurde ich das Gefühl nicht los, daß jederzeit aus einem der Zimmer Rita herauskommen könnte, daß wir plötzlich einander gegenüberstehen würden. Hinter seinem aus massivem Nußholz gefertigten großen Schreibtisch, auf dem auch ein Computer, ein Faxgerät und ein Kopierer standen, sah Manfred wie ein verlorener Zwerg aus. Er kam sofort zur Sache. Sie suchten eine Kraft, die an der Kasse stand und Kassenzettel ausgeben sollte. Ob sie ehrlich oder unehrlich war, stand nicht zur Diskussion, die Kasse ließ ihr keine Möglichkeit zum Betrug. Das Problem war, daß die Kerle, die sie bis jetzt an der Kasse sitzen hatten, alle nichts taugten, weil sie dauernd hinter den Weibern her waren. Sie dachten nur an ihre Schwänze und machten die Huren verrückt. Erst vor einer Woche war eine ihrer tollsten Bräute mit einem langbeinigen Kassierer davongelaufen. Manfred nahm einen tiefen Zug aus seiner halbgerauchten Zigarre und sagte: "Wenn du kapierst, was ich meine, ein Eunuch wäre mir am liebsten." Ich erwiderte schlagfertig: "Da hätte es doch eine clevere Frau genauso gut getan!" Er wurde wütend: "Eine Frau und clever, wo gibt's denn so was? Glaubst du, ich hätte es nicht probiert, aber entweder ließen ihre Männer oder ihre Lover sie nicht arbeiten oder sie wurden plötzlich schwanger und ließen uns im Stich. Und die Ausländerinnen, oh Gott, das ist ja noch schlimmer, die haben immer die ganzen Zahlen durcheinander gebracht!" Ich unterbrach ihn: "Ja, und die alten Männer, die Mitglieder des Prostata-Clubs?" Er fluchte: "Verdammt seien die alten Männer, die Arbeit ist nicht schwer, aber zwölf Stunden im Stehen und die ganze Zeit an der Kasse, das halten die nicht aus, da machen die schlapp, die kippen um. Die meisten von denen sind wandelnde Bierfässer, die bringen die ganze Buchhaltung durcheinander. Übrigens, wie sieht's bei dir aus mit Saufen?" Obwohl es im Zimmer nicht warm war, lief ihm der kalte Schweiß von der Stirn, doch als im Laufe unserer Unterhaltung die Heizung anging und es heiß wie im Türkischen Bad wurde, da sah ich mit Erstaunen, daß er zu frieren begann. Es war, als ob er ein Wesen von einem anderen Stern wäre. Nachdem wir uns durch Händedruck geeinigt hatten, zeigte er mir das Haus. Die Zimmer hatten alle Bäder, schöne Möbel, die Betten Daunendecken, und in jedem Zimmer war ein Champagnerkühler, der die Kunden anmachen sollte. Der Rundgang endete in der Küche, wo mein Arbeitsplatz sein würde. Manfred rief eine blonde Frau herbei, damit sie mir meine Aufgabe erklären sollte, dann ging er seine Hände waschen, und als er von der Toilette zurückkam, hörte ich noch, wie er zu der Blonden sagte: "Paß gut auf diesen Kerl auf, diese Schwulen sind alle Haschraucher, wenn sie keine Fixer sind!"

Die Arbeit war wirklich nicht schwer: In der Küche stand ich vor der Registrierkasse, mit den Kunden hatte ich keinen Blickkontakt, auf diese Weise blieb ich auch von abschätzenden Blicken verschont. Für alles gab es einen Kassenzettel, von den Getränken, die im Salon konsumiert wurden, bis zu den schmutzigen Diensten, die in den Zimmern geleistet wurden. Mit Geld selbst kam ich überhaupt nicht in Berührung. Wenn der Laden dicht machte, wurden die

Kassenzettel mit dem Geld, das die Mädchen eingesammelt hatten, verglichen. Es war eine einfache und nützliche Methode. Die Mädchen gewöhnten sich schnell an mich. Ich mußte nicht einmal die Schwulenrollen, die ich aus Filmen kannte, nachahmen. Ich verhielt mich ganz normal und gewann bald ihre Freundschaft und ihr Vertrauen, weil ich in der Küche immer ein offenes Ohr für ihre Belange zeigte. Mit seufzendem Bedauern bedeuteten sie mir, wie leid es ihnen tat, daß so ein gutaussehender Mann vom anderen Ufer sein mußte. Es waren alle Arten von Frauen unter ihnen, manche ekelten sich vor ihrem Beruf, und manche machten ihn aus reinem Vergnügen. Ich aber vergaß keine Minute, daß ich wegen Rotschal gekommen war; aber gleich in den ersten Tagen unnötige Fragen zu stellen und dadurch auf sich aufmerksam zu machen, war sehr gefährlich, deshalb ließ ich den Dingen ihren Lauf. Nur einmal, ja, einmal machte ich einen Riesenfehler. In den frühen Morgenstunden nach Geschäftsschluß waren Manfred und ich in eine Kneipe gegangen, damit es ihm kühler und mir wärmer wurde, und in dieser Kneipe ließ ich mich gehen, und ich begann mit Manfred über Fußball zu sprechen, und ich vergaß mich leichtsinnigerweise so weit, daß ich der Kellnerin, die uns fragte, was wir gerne essen wollten, so auf die Brust sah, als ob ich sie wollte. Natürlich entging dies Manfred nicht. Aber er wollte sich nicht anmerken lassen, daß er mich im Verdacht hatte, er tat so, als hätte er nichts bemerkt. Aber, kurz bevor wir zahlten, erwähnte er beiläufig, daß er mich auf Wunsch mit gutaussehenden Männern bekanntmachen könne. Er wollte natürlich nur meine Reaktion testen. Eifrig erklärte ich ihm, daß ich einen Freund hätte, den ich sehr liebte. Aber er drang weiter in mich: "Warum holt er dich dann nie ab, wenn du mit der Arbeit fertig bist?" Dabei zog er ständig an seiner obligatorischen Zigarre, blies Ringe in die Luft und sah mich unverwandt an. "Er arbeitet, er hat fast nie Zeit", versuchte ich ausweichend zu antworten. "Ach, diese Männer, sie haben überhaupt keine Zeit, besonders was die Liebe betrifft", sagte er und schnalzte nach dem Kellner, um die Rechnung zu verlangen. Ich war mir natürlich der Tatsache bewußt, daß ich jetzt tief in Schwierigkeiten steckte. Wenn ich nicht sehr bald von irgendwoher einen Freund fand, war es aus mit mir. Tevfik schien mir der passendste Anwärter, wir lebten ja zusammen, deshalb wäre er glaubwürdig. Es war noch ein ganzes Stück Arbeit, Tevfik entsprechend zu belabern, aber schließlich hatte ich ihn rumgekriegt. Der Arme hatte immer wieder gefragt, was in aller Welt wir denn machen sollten, wenn man von uns verlangte, daß wir uns richtig küßten. Doch tatsächlich gelang es uns, die Gemüter etwas zu beruhigen, als Tevfik in das Etablissement Rotschal kam und mit mir zusammen ein paar Gläser trank. Ein paarmal wurde ich noch gefragt, was so ein gutaussehender Mann wie ich an diesem Langweiler fand, man versuchte sogar, mich zu verführen, natürlich erfolglos, ich wußte sehr gut, daß Manfred dahintersteckte. Ich ließ mich nicht in die Falle locken, was natürlich nicht heißt, daß es mir nicht manchmal leid getan hätte.

Als 1989 Ostdeutschland zusammenbrach, war Manfred einer der ersten, die über die Tschechoslowakei in den Westen geflüchtet waren. Er erzählte immer wieder stolz, wie er mit einem Koffer hierhergekommen war, wie er von Null angefangen, sich langsam hochgearbeitet hatte und schließlich zum Bordellbesitzer geworden war. "Es war ein Leichtes für uns, die Berliner Mauer einzureißen! Der Eiserne Vorhang ist weg, jetzt haben wir eine Tüllgardine! Natürlich hat die ganze Welt vor uns Angst! Da soll erst mal einer kommen und uns Schwierigkeiten machen oder Schutzgelder von uns wollen!" meinte er stolz. Mit den Jahren hatte er seinen zweifelhaften Beruf verinnerlicht und sah sich jetzt als etwas Besonderes, fast als einen Helden. Ich hätte seinen Angebereien auch fast Glauben geschenkt, wenn ich nicht einmal Zeuge geworden wäre, wie Boris, der größte Mafioso der Stadt, ihn besuchte. Boris und seine Schutzmänner, die Gebrüder Iwan, die unter dem Namen Todesengel berüchtigt waren und die Herzen ihrer Feinde erzittern ließen, polterten eines Tages durch die dem Dienstpersonal vorbehaltene Tür herein. Während jeder erwartete, daß sie sich an die Mädchen heranmachen würden, schloß Boris sich mit Manfred in ein Zimmer ein, während die Brüder Iwan vor der Tür mit verschränkten Armen regungslos wie die Statuen Wache hielten. Mit ihren kahlgeschorenen Schädeln und ihren eiskalten Schlangenblicken flößten sie jedem Betrachter Furcht ein. Kurz und bündig: Der Grund, warum man Manfred in Ruhe ließ, war, daß Boris im Hintergrund die Fäden in der Hand hatte, und die Stadt tanzte nach der Musik von Boris. Eines Tages, als Manfred wieder einmal unterwegs war, ging ich in sein Büro, um etwas über Rita herauszufinden, und stieß dabei auf Dokumente, die meine Vermutungen über diese versteckten Beziehungen bestätigten. Manfred war der rechte Arm von Boris, der dafür zuständig war, daß das schmutzige Geld aus Drogen, Prostitution, Glücksspiel und Schutzgeldern gewaschen wurde. Kontoauszüge, Briefkastenfirmen, Telefonnummern, Adressen, verschiedene Verbindungen, Namen... Ich dachte mir wirklich nichts Schlimmes beim Fotokopieren, ich war einfach nur auf der Suche nach Rita. Beim genauen Durchlesen der Kopien wurden meine großen Erwartungen enttäuscht, denn ich konnte Ritas Namen nirgends finden. Natürlich wußte ich andererseits auch, daß es für mich gefährlich werden könnte, Unterlagen gegen eine Verbrecherbande bei mir zu Hause aufzubewahren, aber ich nahm es einfach nicht so wichtig,. Ich steckte die Kopien zwischen alte Ausgaben des "Spiegel", die unter meinem Bett vor sich hinschimmelten. Dort blieben sie auch unbehelligt liegen, bis zum Dezember 1995.

Im September jedoch, als die Blätter erst anfingen, sich langsam von den Bäumen zu lösen, war der Dezember noch sehr weit weg, und es war noch nicht zu spät, etwas zu unternehmen. Aber von nun an sollte alles sehr schnell gehen. Ein Unglück jagte das andere, als eines Tages der schöne Cemil das Etablissement Rotschal besuchte und mich und Tevfik dabei erwischte, als wir das Haus gerade verlassen wollten. Er fragte die dort arbeitenden Frauen über uns aus, und dann gab natürlich ein Wort das andere. Mein Leben war aus dem Gleis geraten, und ich war an einem Punkt angelangt, wo es keine Rückkehr mehr gibt, als ich mich Hals über Kopf in Julia verliebte, Julia mit den kastanienbraunen Haaren, die mich total verrückt machte. Manfred reservierte sie für Sonderkunden und sprach von ihr als von einem "wunderbaren Stück", als ob sie ein Juwel wäre. Warum sich Julia ausgerechnet in mich verliebt hatte, in mich, der ich als Schwuler galt, das werden nur die hoffnungslos Verliebten unter meinen Lesern verstehen, die einmal meine schicksalhafte Geschichte lesen werden. Diesen Lesern habe ich etwas zu sagen. Und jetzt ist genau der richtige Zeitpunkt dafür, denn auch ich war einmal verzweifelt, denn auch ich saß einmal in der Falle. Die Frauen messen zwei Dingen Wichtigkeit bei: Einzelheiten und der Leidenschaft! Der Rest ist ihnen völlig gleichgültig. Ein Mann, der diese beiden Dinge nicht beherrscht, taugt nichts, selbst wenn er ein Engel wäre, der die auf Hiroshima geworfene Atombombe aufhielte. Ein Mann, der die Sprache der unwichtigen Einzelheiten nicht kennt, muß scheitern; und wenn ein Astronaut, der in seiner Weltraumkapsel jeden Knopf auswendig beherrscht, an diesem Tag nicht bedenkt, daß seine Frau schlechte Laune hat, weil sie ihre hohen Absätze drücken, dann kann er meinetwegen auf den Mond fliegen, aber seine Frau wird ihn in die Hölle wünschen. Die Leidenschaft ihrerseits besteht aus vielen kleinen Einzelheiten, die Leidenschaft ist der Klebstoff, der die Einzelheiten zusammenhält. Wie könnte sich auch sonst ein Mann immer wieder in dieselbe Frau verlieben, und das ist es ja auch, was die Frau von ihm erwartet, daß er sich in sie verliebt, immer wieder mal und dann noch einmal. Oder glauben Sie vielleicht, daß die Frauen aus Bosheit oder aus reiner Lust an der Sache immer einen Streit vom Zaun brechen? Wenn Julia spöttisch die Lippen verzog und ihre kalten Blicke auf mich warf, sah ich wie gebannt auf ihre Sommersprossen, die im Halbdunkel unter ihren Augen aufblitzten und dann wieder verschwammen und dabei ihren harten Gesichtsausdruck Lügen straften. Und plötzlich konnte ich ihre Gedanken lesen, sie war nicht so, wie sie sich gab. Wenn sie mit einem Freier nach oben ging, um ihn zu bedienen, dann brannte ich innerlich. Jedoch wurde dieses Brennen nicht von dem Gedanken verursacht, wie dieser Fettbauch jetzt auf ihr herumrutschen würde, sondern von dem Gedanken, daß Julia plötzlich weg war. Julia war der Zweck meines Daseins geworden. Und wenn ich zwölf Jahre vor Troja um sie hätte kämpfen müssen, dann hätte ich auch das getan. Es war nicht so, daß ich mich nicht vor dem Zorn Manfreds fürchtete, aber diese Furcht war, verglichen mit der brennenden Leidenschaft, die ich für Julia fühlte, völlig bedeutungslos. Und wenn ich jetzt aus Furcht vor Manfred von meiner Liebe abgelassen hätte, dann wäre es auch keine richtige Liebe gewesen, stimmt's? Als Julia meine Liebe erwiderte, da fühlte ich, daß ich das Glück in den Händen hielt, und ich hatte Angst, es wieder loszulassen. Also schlug ich ihr vor, mit mir gemeinsam zu fliehen. "Manfred wird uns niemals in Ruhe lassen, und wenn er erst herausbekommt, daß ich ihn betrogen habe, dann dreht er völlig durch!" Mein Vorschlag hatte Julia völlig durcheinandergebracht. Sie war mit dem Leben, das sie führte, einigermaßen zufrieden. Der Gedanke, für eine ungewisse Zukunft alles hinzuwerfen und zu fliehen, brachte Unruhe in ihr Leben. Im Augenblick sah sie keinen anderen Ausweg als den, daß wir unsere Rollen weiter so spielen sollten, und solange nichts herauskam, warum sollte man sich Sorgen machen? Um ihren Widerstand zu brechen, erzählte ich ihr von dem Beweismaterial, das ich angesammelt hatte, und übertrieb die Verbrechen, in die Manfred angeblich verwickelt war, um der Angelegenheit einen dramatischen Anstrich zu geben. Ich erzählte ihr von schrecklichen Morden, in welche die Bande verwickelt war, aber es klang leider nicht glaubwürdig. "Und daß die Sieben Zwerge einem Bombenanschlag zum Opfer fielen, daran war wohl auch Manfred schuld?" fragte Julia mich mit blitzenden Augen. Freilich gestand sie mir auch zu, daß alles an einem seidenen Faden hing, doch sie war der Ansicht, daß es keinem etwas nützen würde, wenn wir jetzt etwas abbrächen, ohne etwas Neues aufgebaut zu haben. Bevor wir alle Brücken hinter uns abbrachen, mußten wir einen guten Plan haben, und zwar keinen übereilten, sondern einen wohl durchdachten. So verschoben wir unsere Flucht auf eine ungewisse Zukunft.

In dieser Nacht konnten wir allerdings noch nicht wissen, daß die Flucht unmittelbar bevorstand. Am nächsten Tag wurde ich auf dem Heimweg von der Uni von zwei Polizisten in Zivil aufgehalten. Der eine hatte eine Glatze, der andere einen Bart, und er trug einen langen Mantel. Sie stießen mich in ein Auto und faßten mich ganz schön grob an. Als wir auf den weniger befahrenen Straßen außerhalb der Stadt angekommen waren, packten sie aus: Sie waren eigentlich auf der Spur von Boris und hatten herausgefunden, daß Manfred dessen schwacher Punkt war. Einen Mord konnten sie ihm nicht nachweisen, aber wenn sie ihm Steuervergehen nachweisen könnten, dann hätten sie Boris am Kragen. Sie hätten einen V-Mann in dessen Organisation eingeschleust, aber auch der hätte ihnen nichts Nützliches liefern können. "Ja, jetzt habt ihr eure große Wut und laßt sie an mir aus! Jetzt, wo wir schon mal unterwegs sind, können wir ja gleich einen Molotow-Cocktail auf ein Asylanten-heim schmeißen", sagte ich, wurde aber durch einen harten Faustschlag auf meinen Kopf schnell von meinem hohen Roß her-untergeholt. Sie wollten von mir Aussagen und Beweismaterial, das Manfred belasten würde. Was ich nicht kapierte, war, warum sie aus-gerechnet mich dazu auserwählt hatten. "Du bist ein Ausländer! Dich zu bedrohen, ist viel leichter!" erklärte mir der Bärtige augen-zwinkernd. Falls ich ihnen nicht zu Willen wäre, würden sie bei einer Hausdurchsuchung in meiner Wohnung ein paar Gramm Heroin finden, und nach ungefähr zwei Jahren Gefängnis würde ich ausgewiesen werden, das heißt in der Sprache der Polizisten, raus-geschmissen. Als sie mich wieder da absetzten, wo sie mich auf-gelesen hatten, hatten sie es geschafft, mir gehörig Angst einzujagen. Ich rannte mit fliegenden Fahnen zu Julia, und als ich ihr erzählte, was passiert war, war auch bei ihr die Kacke am Dampfen. Wenn ich denen die Beweisunterlagen lieferte, dann konnte ich gewiß sein, daß Boris mich umbringen ließ. Auf der anderen Seite mußte ich natürlich auch die Drohung der Polizisten, mich ausweisen zu lassen, ernst nehmen. Was dem einen die Eule, ist dem anderen die Nachtigall, was sollte ich also tun? Julia war der Ansicht, daß der einzige Ausweg aus dieser Klemme darin bestand, daß ich mein Beweismaterial der Polizei auslieferte. "Aber das ist doch mein Todesurteil!" erinnerte ich sie sachte. Julia schlug vor, ich solle von den Polizisten Geld fordern, und mit dem Geld, das ich von ihnen bekäme, könnten wir eine Weile untertauchen und uns ein neues Leben aufbauen. Dieser Gedanke erschien mir auch machbar. Ich brauchte nicht lange nach dem Bärtigen und dem mit der Glatze zu suchen, denn sie verfolgten mich wie ein Schatten. Als ich ihnen andeutete, ich sei an einer Zusammenarbeit interessiert, freuten sie sich sehr, aber die halbe Million, die ich forderte, fanden sie übertrieben. Doch als ich ihnen Näheres über den Inhalt der Fotokopien erzählte, gaben sie nach, und nachdem wir hin- und hergehandelt hatten, einigten wir uns auf 300.000. Ich würde das Geld im voraus bekommen. Julia würde, wie verabredet, aus Amsterdam anrufen, daß sie in Sicherheit sei, daraufhin würde ich die Unterlagen überreichen und auf dem schnellsten Weg mit meinem Auto zu unserem Treffpunkt fahren. Leider wurde aus diesem wunderbaren Plan nichts. Als Julia angerufen hatte, ging ich in Tevfiks Zimmer, um mich zu verabschieden und fand ihn an der Decke hängend. Sobald ich sein kaltes, blau angelaufenes Gesicht sah, fühlte ich einen gewaltigen Schmerz in mir aufsteigen. Rotschal lief ständig unter seinen, in der Luft hängenden Füßen im Kreis herum. Tevfik, mein lieber Bruder, er hatte mir einen Abschiedsbrief hinterlassen, dick wie ein Lexikon. Ich konnte weder den Brief lesen noch mich um seine Beerdigung kümmern. Es war einfach keine Zeit dazu. Auf einer der Seiten des Abschiedsbriefs, die ich hastig durchblätterte, fand ich ein Zitat Schopenhauers: "Das Leben ist ein Fehler, es muß verbessert werden!" Der Hohn und Spott unserer Umgebung hatte in den letzten Tagen seinen Höhepunkt erreicht und war unerträglich geworden. Tevfik hatte es gelernt, den Spott der Kommilitonen hinzunehmen, aber die vorwurfsvollen Blicke, die ihn nun in dem Kaffeehaus verfolgten, in dem er nach dem Freitagsgebet gewöhnlich den Respekt seiner Glaubensbrüder genoß, hatte ihm sehr zu schaffen gemacht. Als er mir davon erzählt hatte, war keine Klage in seiner Stimme zu hören, nein, nur Schmerz, ja, nur ein dumpfer Schmerz. Ich fühle mich für seinen Selbstmord verantwortlich, was mir jedoch ab und zu eine gewisse Beruhigung verschafft, ist der Gedanke, daß er das Jenseits gesucht hat, um ein Duell mit Gott auszufechten. Im Bordell Rotschal wartete ich eine oder zwei ungemütliche Stunden, dann wurde die Tür aufgebrochen, und herein stürzten Dutzende von Polizisten. Die Huren liefen kreischend auseinander, ich griff nach meiner Waffe und begann wie ein Verrückter um mich zu schießen. Die Kugeln aus der Waffe des Bärtigen streckten mich leblos zu Boden. Angesichts dieser Vorkommnisse verlor Manfred ein paar Sekunden die Beherrschung, seine Augen traten aus ihren Höhlen, und von Rache getrieben, begann er um sich zu schießen. Aber auch er fiel unter dem Kugelhagel, mit dem Unterschied zu mir, daß es echte Kugeln waren, die seine Brust durchdrangen. Das war nicht geplant, das war ehrlich nicht geplant. Soll ich es Freundesbezeugung nennen oder Verrücktsein, auf jeden Fall, was Manfred getan hatte, das treibt mir heute noch die Tränen in die Augen, wenn immer ich daran denke. Denn unter dem Eindruck der blöden Filme, die ich mal gesehen hatte, hatte ich mich totgestellt. Manfred jedoch hatte sterben müssen, wo er doch mit ein paar Jahren Gefängnis hätte davonkommen können. Habe ich schon erwähnt, daß er zwei Kinder im Schulalter hatte? In dem Krankenwagen, in den sie meinen Körper hineingeschoben hatten, gab ich ihnen die Unterlagen, und eine halbe Stunde später war ich auf dem Weg nach Amsterdam. Da nun alles vorüber war, fühlte ich mich frei. Jedoch als mir auf halbem Wege plötzlich in den Sinn kam, daß Rotschal allein zu Hause geblieben war, wäre ich fast so verrückt gewesen, umzukehren. Da Tevfik nun tot war, wer würde sich um Rotschal kümmern? Eine merkwürdige Vorahnung sagte mir, daß ich nicht dem Glück, sondern dem Unglück entgegen eilte. Vor der Windschutzscheibe wähnte ich plötzlich das Gespenst Ritas zu sehen, die mir mit Engelsflügeln voranflog. Traurig rief ich ihr zu: "Du warst der Rotschal meiner Träume, den ich in irgendeinem Zugabteil liegenließ." Ohne anzuhalten, fuhr ich zehn Stunden durch. Als ich zu dem Treffpunkt kam, an dem ich mich mit Julia verabredet hatte, war ich hundemüde. In Amsterdam war es Nacht geworden, das Rotlichtviertel wimmelte von Männern. Ich saß in dem Cafe mit Leuten aus aller Welt zusammen, flog von einem Joint zum andern und wartete auf Julia. Ich wartete so lange, bis ich kapiert hatte, daß sie nicht kommen würde. Es machte eigentlich keinen großen Unterschied, ob sie nun eine Polizistin oder eine Verräterin war. Wichtig war jetzt nur, daß ich kopfüber in meine eigene Falle geraten war. Ich tröstete mich mit Hasch, bis ich kein Geld mehr hatte. Schließlich fand ich einen Job in einer Sexbar als Türsteher, ich lockte die Gäste an. Dann trat ich in derselben Bar in Liveshows auf, wo ich verschiedene Frauen bumste. Ich weiß noch, daß ich anderthalb Jahre lang nie ins Bett gegangen bin, ohne total besoffen gewesen zu sein. Im Herbst 1996 kehrte ich an meinen eigentlichen Wohnort zurück, weil ich eine Menge Schulden bei allen möglichen Haschdealern hatte. Das Kino, in dem ich einmal gearbeitet hatte, war wiedereröffnet worden, und sie haben mich wieder als Filmvorführer genommen, sie gaben mir sogar einen Schlafplatz. Da ich abends immer öfter betrunken in der Vorführkabine aufgefunden wurde, haben sie mich vor kurzem rausgeschmissen. Ein schneidender Wind wehte, als ich mich dem lauten Straßenverkehr entgegenwarf, und ich summte eine Melodie vor mich hin: "Mein Herz ist voll Schmerz". Plötzlich fand ich mich Aug in Auge mit Rita, die vor mir auf der gegenüberliegenden Seite einer lebhaft befahrenen Straße stand. Doch gleichzeitig bemerkte ich die eingezogenen Glatzen der Gebrüder Iwan, die sich zwischen den Autos durchschlängelten und mit todbringenden Schritten auf mich zukamen.

Übersetzung aus dem Türkischen von Dr. Irene Schlör

TANTE MARIKAS SEELE

NEVİN ULKAY BOĞ

Als ich hinausschaute, schneite es. Um die fliegenden Schneeflocken etwas besser sehen zu können, wischte ich mit der Hand über die beschlagene Scheibe. Spiralförmig fielen die Flocken, wirbelten und wirbelten ... Mir wurde ganz schwindlig.

* * *

Mutters Stimme gellte in meinen Ohren. Sie wollte, daß ich mich zu Tante Marika aufmachte. Mit einem Teller in der Hand kam sie zu mir. Nachdem sie mir über den Kopf gestrichen hatte, gab sie mir den Teller mit zwei Schmalzkuchen.

"Gib ihr den Teller an der Tür und komm gleich zurück! Daß du ja nicht bummelst, du mußt noch baden. Ach ja ... Vergiß nicht, den Teller wieder mitzubringen!"

In Vorfreude auf die Süßigkeiten, mit denen sie mich immer belohnte, eilte ich sofort zu Tante Marika, die gleich zwei Türen weiter wohnte. Ich klopfte an und wartete. Ich klopfte nochmal, keine Antwort! Tagsüber schloß sie sich selten ein. Ich drehte den Türgriff, doch bevor ich einen Spalt öffnete, rief ich noch einmal: "Tante Marika!" Ich bekam wieder keine Antwort. "Ob ich hineingehe", fragte ich mich und streckte erst einmal meinen Kopf durch den Türspalt. Die Bilder ihrer Söhne, die Plastikblumen, das Kreuz in ihrer Gebetsecke, die Statue der Mutter Maria, alles war auf seinem angestammten Platz. Ich machte einen Schritt ins Zimmer; ja, da lag sie, auf dem Diwan, und ich ging zu ihr, um sie zu wecken.

"Tante Marika, Mutter schickt dir Schmalzkuchen"

Im selben Augenblick sah ich, daß aus ihrer Nase eine dunkelbraune Flüssigkeit geflossen war. Ihre Augen waren halb geöffnet. Vor Schreck schrie ich aus Leibeskräften:

"Mutter, komm schnell, Tante Marika ist irgend etwas zugestoßen!"

Der Teller rutschte mir aus der Hand, und ich lief hinaus. Inzwischen waren meine Mutter und die Nachbarn, die meinen Schrei gehört hatten, vor die Türen gelaufen, riefen, was denn geschehen sei. Ich schrie noch einmal: "Kommt schnell, Tante Marika ist etwas passiert", und Mutter lief mit den anderen Frauen in ihr Zimmer. "Oh, mein Gott! Oh, mein Gott!" murmelte Mutter bestürzt und ängstlich, während sie sich Tante Marika näherte.

"Nun, Fatma, Mädchen, ist sie gestorben?"

"Weiß nicht, Schwester, ich fürchte mich."

Mutter berührte ihr Gesicht. "Wie Eis", sagte sie. Eine der Frauen schlug vor, ihr Herz abzuhorchen, aber niemand wagte, das Ohr an ihre Brust zu halten. Nur Tante Hatice griff nach ihrem Puls. Von Minute zu Minute füllte sich das Zimmer immer mehr. Zu zweit oder zu dritt kamen unsere Nachbarn aus fast jedem Zimmer dieser umgebauten Karawanserei aus der Jahrhundertwende, wo wir alle mehr oder minder dasselbe Schicksal teilten. Es wurden immer mehr, die Stimmen immer lauter und unverständlicher. Manch eine meinte, man solle den Doktor rufen. "Und was soll sie mit dem Doktor, meine Liebe", entgegnete eine andere, "wenn sie doch tot ist?" Am Ende kamen alle überein, daß Tante Marika gestorben war und bedeckten sie mit einem weißen Leintuch, das eine der Frauen gefunden hatte.

Trotz der Ermahnungen unserer verstörten Mütter, endlich in unsere Wohnungen zurückzukehren, versuchten wir Kinder immer wieder, einen Blick durch den Türspalt zu werfen oder aus irgendeinem fadenscheinigen Grund ins Zimmer zu gelangen.

Zitternd vor Aufregung, aber mich äußerlich furchtlos gebend, erzählte ich meinen Freundinnen ausführlich, wie ich Tante Marika vorgefunden hatte. Schließlich begannen die Frauen zu beraten, was zu tun sei. Tante Marika hatte in der Nachbarschaft weder Kinder noch Verwandte. Hin und wieder hatte sie mir von ihren Enkeln und Söhnen berichtet. Und als sie mir einmal erzählte, eines ihrer Enkelkinder sei in meinem Alter, entdeckte ich, daß ihre blauen Augen feucht geworden waren.

Manchmal bekam Tante Marika Besuch von einem vollbärtigen Mann mit kleinem Buckel, der eine Brille trug und immmer eine Tasche bei sich hatte. Nachdem ihre Kinder sie verlassen hatten, war er es auch gewesen, der ihr das kleine Zimmer besorgt hatte, in dem sie wohnte. Es wurde beschlossen, diesen Mann zu benachrichtigen, und von irgendwoher wurde auch seine Telefonnummer aufgetrieben.

In schwarzem Anzug und mit seiner Tasche in der Hand, erschien der Mann schon zwei Stunden später in der Tür. Er fragte, wie sie denn gestorben sei. Dann bedankte er sich, daß wir uns so freundlich bemüht hatten, und sagte, der Leichnam werde schon am nächsten Tag von den Leuten der Kirche, die neben unserem Wohnhaus stand, begraben werden. Bald danach kam ein Wagen, und Tante Marika wurde fortgebracht.

Bis zum Abend wurde im Wohnhaus nur noch von Tante Marikas Tod gesprochen. Als ich abends meinem Vater schon an der Tür in einem Atemzug erzählte, was vorgefallen war, zitterte ich noch immer. Zuerst sagte Vater ziemlich gleichgültig: "Gott gebe ihr die ewige Ruhe". Dann machte er mit Kopf und Hand eine Bewegung, als wolle er sagen: "Geh beiseite" und rief anschließend nach Mutter.

Auch beim Essen sprach Mutter nur von Tante Marika. Sie mißbilligte, daß ihre Kinder und Enkel sich nicht um sie gekümmert hätten und seufzte dabei. Vater jedoch schien gar nicht zuzuhören, aß schmatzend sein Abendbrot und erhob sich unbeeindruckt vom Tisch.

Im Bett dachte ich über den Ablauf des Tages nach. Dabei fiel mir unser Lehmhaus in der Heimat ein. Unser Haus mit dem undichten Dach, wo Mutter Nudeln schnitt, gesäuerten Teig zerrieb, Gurken und Gemüse in Essig legte. Und ich erinnerte mich daran, wie ich mich gefreut hatte, als Vater sagte: "Wir ziehen nach Istanbul."

Von denen, die schon dort gewesen waren, hatte ich's gehört: riesige Straßen, Autos, Wohnhäuser und das Meer. Bei uns zu Haus waren die Straßen schmal: Pferdekutschen statt Autos, Lehmhäuser statt Wohnblocks, und auf der Straße herumtobende Kinder, die das grünste Grün, das gelbste Gelb trugen. Manch einem lief die Nase, alle hatten struppige Haare, aber sie fühlten sich wohler als die Kinder hier im Wohnhaus.

Vaters Stimme: "Los, zieht die Decke über den Kopf!" brachte mich wieder ins Wohnzimmer zurück. Während meine Brüder und ich unsere Decken hochzogen und zu schlafen versuchten, hörte ich meine Mutter beten und anschließend sagen: "Gott verzeihe dir deine Sünden!"

Als ich morgens erwachte, war Vater schon zur Arbeit gegangen. Gewaschen und angezogen, band Mutter sich gerade ihr Kopftuch um. Ich stand auf, um zehn Uhr war Tante Marikas Beerdigung. Mutter sagte, sie wolle zur Beerdigung, bat mich aber, Vater davon nichts zu erzählen. "Wenn du mich nicht mitnimmst, sage ich es ihm", antwortete ich. Sie gab mir zwei Klapse auf den Podex, und während ich einerseits weinte, drohte ich ihr: "Entweder du nimmst mich mit oder ich erzähle es Vater!" Als sie merkte, daß sie mich nicht werde bändigen können, warf sie mir den Pullover zu und sagte: "Los, dann zieh dich schnell an!" Im Nu war ich fertig.

Als Nachbarn an der Tür uns fragten, wohin wir gingen, antwortete Mutter ausweichend, sie habe etwas zu erledigen. Mit hastigen Schritten verließen wir das Haus. Wahrscheinlich würde man es nicht gern sehen, daß wir auf dem Weg zur Kirche waren, deswegen nahm Mutter die Seitengassen. Vor der Kirche schaute sie erst um sich, bevor sie, mich am Arm hinterherziehend, eilig hineinging.

Drinnen waren nicht mehr als fünf Personen. Mutter ließ mich an der Tür stehen, bat mich, zu warten und ging weiter. Vor den

Bänken stand Tante Marikas Sarg, am Kopfende zwei Männer in Schwarz, die pausenlos etwas vorlasen. Mutter, die zum Sarg gegangen war, um zu beten, hatte es sich wohl anders überlegt und kam auf Zehenspitzen wieder zurück. Ich musterte die Umgebung. In einem Kasten an der Wand standen lange dünne Kerzen, etwas weiter standen die brennenden. Eine Tante in Schwarz warf einige Münzen in einen Spartopf, nahm zwei Kerzen, ging zu den brennenden, zündete ihre Kerzen an und steckte sie betend zu den anderen. Dann ging sie mit langsamen Schritten zum Sarg, murmelte dort etwas und weinte. Anschließend setzte sie sich in eine der Bankreihen. Wir folgten ihr und rückten zu ihr auf.

Wie ich schon viele in den Straßen Diyarbakırs gesehen hatte, erschien bald darauf in schwarzem Talar und mit einem großen Kreuz an seiner Halskette ein bärtiger Priester hinter dem Sarg. Ein Gefäß schwingend, das dabei quietschte und einen eigenartig duftenden Rauch ausstieß, folgte ihm jemand. Sie gingen um den Sarg herum. Dann las der Priester melodisch etwas aus einem Buch in einer Sprache, die ich nicht verstand. Mir wurde unbehaglich, und ich zog Mutter am Ärmel. Mutter reagierte zuerst nicht, doch dann fragte sie leise: "Was ist?"

Ich antwortete ihr, ich müsse mal. Sie blickte mich ganz streng an, als sagte sie: "Sei still!"

Es verging eine lange Zeit. Endlich klappte der Priester das Buch zu und küßte den Sarg. Danach gingen auch die Trauergäste, einer nach dem andern, zum Sarg und küßten ihn, verabschiedeten Tante Marika zu ihrer letzten Reise. Alle waren schwarzgekleidet. Das Sonnenlicht fiel durch die bunten Kirchenfenster auf die Fliesen, und von der Straße hallte das Hupen der Autos.

Ich mußte an den Tag denken, an dem meine Großmutter starb. Genau wie bei Tante Marika, hatte man sie mit einem weißen Tuch zugedeckt. Die Nachbarinnen hatten sich versammelt, im Garten ein großes Feuer angezündet, in Kesseln Wasser heiß gemacht, damit Großmutter gewaschen und sie dann in ein Leichentuch gewickelt. Während die Männer auf ihren Schultern den Sarg mit Großmutter zur Moschee am Ende der Straße trugen, herrschte bei uns zu Haus dichtes Gedränge. Nach dem rituellen Gebet haben wir Großmutter begraben. Bis zu dem Tag hatte ich meinen Vater noch nie weinen sehen. Aber an jenem Tag liefen ihm die Tränen, und er biß sich auf die Lippen, um nicht zu weinen. Nachdem wir ins Haus zurückgekehrt waren, kamen die Hodschas. Die Männer versammelten sich bei uns, die Frauen bei Tante Halime, unserer Nachbarin nebenan. Es wurde im Koran gelesen. Anschließend wurde ein Essen gegeben. Den süßen Halwa, den Mutter und die Nachbarinnen zubereitet hatten, verteilten wir Kinder im ganzen Viertel. Mit den Wünschen der Nachbarn, Gott möge Großmutter in Gnade aufnehmen, brachten wir die leeren Teller wieder zurück. Ob man für Tante Marika auch Halwa zubereiten und uns bringen würde? Doch dann fiel mir ein, daß sie ja niemanden hatte.

Mutter war aufgestanden und unterhielt sich mit der Frau, die nach uns in die Kirche gekommen war. Ich ging zu ihr und fragte: "Wirst du für Tante Marika auch Halwa machen?" Mutter sah mich an und sagte nur: "Sei still!"

Die Frau, mit der Mutter sich unterhielt, war eine frühere Nachbarin von Tante Marika. Sie sei sehr traurig gewesen, als sie von ihrem Tod gehört habe, und weither von Kurtuluş gekommen. Mutter schlug ihr vor, sich bei uns ein bißchen auszuruhen. Gemeinsam mit der schon älteren Tante verließen wir die Kirche und gingen zu uns.

Es war schon Mittag, Mutter fragte, ob sie Hunger habe. Sie lehnte höflich dankend ab, bat nur um ein Glas Wasser. Mutter brachte es ihr sofort und servierte dann Tee.

Die betagte Tante erzählte uns, Tante Marika sei Kreterin gewesen. Während eines Besuchs im Hause ihrer Schwester in Istanbul habe sie den Freund ihres Schwagers, einen Schmiedemeister, geheiratet. "Wie Marika vornehm, so war ihr Mann grob", seufzte die alte Frau. Es habe wohl nichts gegeben, was er dem armen

Mädchen nicht angetan hätte. Schließlich habe sie es nicht mehr ausgehalten und sich von ihm getrennt.

Sie ging zu ihrer Schwester. Ihr Mann ließ nichts unversucht, sich mit ihr zu versöhnen, doch Marika wollte nicht mehr. Hin und wieder ging sie heimlich hin, um ihre Kinder zu sehen. Eines Tages kam ihr Mann dahinter und zog mit den Kindern nach Griechenland, um sie ganz von Marika zu trennen. Ihr ältester Sohn war damals fünfzehn Jahre alt. In der ersten Zeit schrieben die Kinder ihrer Mutter oft. Die arme Frau las weinend immer wieder ihre Briefe. Jahre später erfuhr sie, daß ihr ältester Sohn geheiratet habe. Briefe kamen keine mehr. Dann starb ihre Schwester, und sie blieb ganz allein. Die Altenstiftung brachte sie hier unter, dazu gab es noch einige Kuruş Taschengeld ... "Ach, Marika, ach ... Sie war eine richtige Dame, eine richtige ..."

Die betagte Tante empfahl sich und ging. "Die arme Frau", grämte sich Mutter, "so einsam zu sterben und begraben zu werden."

Danach begann wieder der Alltag. Der Frühling kam, dann der Sommer; wir Kinder gingen zur Schule, spielten vor dem Wohnhaus, in den Fluren Frau und Mann, beschwerten uns über die Jungen, die unser Spiel störten, wurden von den Erwachsenen gescholten und hin und wieder von unseren Eltern übers Knie gelegt. Die Frauen kamen in einem der Zimmer des Wohnhauses zusammen, tratschten über ihre Männer, ihre Schwiegermütter und frisch verheirateten Schwiegertöchter, jammerten über ihre Not, träumten von einem eigenen Haus, und bestünde es auch nur aus zwei Zimmern, Küche und Bad, häkelten Deckchen mit Spitzen, legten die Aussteuer für ihre jungen Töchter zurück, bereiteten das Abendessen vor, manch eine von ihnen ging zum Reinemachen, andere versuchten, ihre Männer zu bewegen, sie in der Fabrik arbeiten zu lassen, und manche wurden von ihren Männern geprügelt. Meine Eltern liebten sich, wenn wir eingeschlafen waren, und lachend erzählte es Mutter den Nachbarinnen am nächsten Morgen. Nach Schweiß riechend, kamen die Männer abends heim, unser altes Wohnhaus wurde immer älter, wurde lustig, wenn unsere Nachbarn Besuch aus der Heimat bekamen, traurig, wenn es Streit gab. Wir alle waren eine große Familie, jeder wußte von jedem alles, manchmal wurden einige Teller vom Gekochten zum Nachbarn gebracht, manchmal ließ man sich dessen Essen schmecken. Abends besuchte man einander, wurde Tee getrunken, spielten die Männer Tavla. Junge Mädchen übernahmen Kreuzstickereien, flüsterten sich die Namen ihrer Auserwählten ins Ohr, tuschelten und lachten, träumten, der Ehekrisen ihrer Eltern überdrüssig, von der eigenen Ehe, um endlich diesem Leben zu entkommen.

Dann kamen Festtage. Wir Kinder klopften an alle Zimmertüren des Wohnhauses, küßten die Hände der Erwachsenen, füllten unsere Taschen mit geschenkten Süßigkeiten, verpraßten das Taschengeld, das wir von unseren Vätern bekamen, kauften uns Zuckerwatte und Lutschbonbons und gaben mit unseren vom Straßenhändler gekauften Kleidern und Schuhen voreinander an.

"Was wird denn aus Tante Marikas Zimmer?" fragte ich eines Tages meine Mutter. "Geh ja nicht hinein", antwortete sie, "da drinnen geht ihre Seele um." Ich erschrak, erzählte es auch den anderen Kindern, und wir beschlossen, durchs Schlüsselloch zu schauen, um so vielleicht Tante Marikas Gespenst zu sehen. Zuerst linste Yakup ins Zimmer, danach Hüseyin. Beide konnten nichts entdecken. Nach Ayşe war ich an der Reihe. Ich sah auch nichts. Doch ich streckte meine Arme aus und rief mit weit offenem Mund so laut: "Oooh", daß die Kinder schreiend wegliefen.

Vor Schulbeginn ging Vater mit mir los, um mir eine schwarze Schürze, einen weißen Kragen, Taschentücher, Hefte und Bleistifte zu kaufen. Er meinte, als Schultasche könne ich die alte von meinem Bruder nehmen. Ich hätte lieber eine der bunten gehabt, die ich gesehen hatte, als wir die Straße in Mahmutpaşa hinuntergingen. In jenem Jahr kam ich in die vierte Klasse. Mein älterer Bruder hatte die Volksschule schon beendet, und Vater wollte ihn bei einem Autoschlosser in die Lehre geben. Mein Bruder wollte nicht, doch im Haus war Vaters Wille Gesetz. Ihm blieb nichts anderes übrig, als sich still zu fügen.

* * *

Seit Tante Marikas Tod waren etwa sechs Monate vergangen. Wir spielten vor der Haustür, als ein hochgewachsener, braungebrannter, schnurrbärtiger Mann von fünfunddreißig bis vierzig Jahren erschien, auf einen Zettel in seiner Hand blickte und dann das Wohnhaus musterte. Wir gingen zu ihm und fragten, wen er suche. "Wohnte Madam Marika hier?" fragte er in holprigem Türkisch. "Sie ist gestorben", antworteten wir wie aus einem Mund. "Ich weiß", sagte er, "ich bin ihr Sohn." "Aber sie hatte doch niemanden", warf ich ein, dann fiel mir ein, daß ihre Kinder ja in Griechenland waren. Als der Mann sagte, er käme aus Griechenland, zeigten wir ihm Tante Marikas Zimmer. Es war unverändert. Der Mann ging ins Zimmer, und weil keiner von uns ihm zu folgen wagte, beobachteten wir ihn von der Tür aus. Er stellte seine Tasche ab und nahm das verstaubte eingerahmte Bild in die Hand. Es war wohl eine Fotografie von ihm selbst. Dann nahm er das Bild von der Mutter mit den drei Kindern, betrachtete es eine ganze Weile, sagte: "Ach, Mama", und küßte es. Anschließend setzte er sich auf den Diwan und bat uns herein. Ich und einige Freundinnen gingen zu ihm. "Mochtet ihr sie?" fragte er uns, und ich antwortete: "Ja, sie war sehr gut." Nachdem er meinen Kopf gestreichelt hatte, sagte er: "Das war sie." Dann erzählte ich ihm stolzgeschwellt, daß Tante Marika mich am meisten geliebt habe, und der Mann entgegnete: "Sie liebte alle Kinder." Und immer wieder sagte er: "Ach, Mama, ach Mama." Er habe die Nachricht vom Tod seiner Mutter erst drei Monate danach erhalten und wegen seiner vielen Arbeit nicht kommen können. Jetzt sei er da, weil er ihr Grab besuchen und Erinnerungsstücke mitnehmen wolle. Die Stiftung habe das Zimmer bis zu seinem Besuch unberührt gelassen. Tante Marikas Sachen wurden also endlich abgeholt. Ob ihre Seele wohl weiterhin im Zimmer umgehen würde? Vielleicht würde sie mit den Sachen das Zimmer ja auch verlassen!

Meine Mutter und die Nachbarinnen empfingen diesen Fremden nicht sehr freundlich. Schließlich war er den Pflichten eines Sohnes nicht nachgekommen, hatte sich um seine Mutter nicht einmal in ihren letzten Jahren gekümmert, hatte sie nicht zu sich genommen! Ein bißchen zornig, ein bißchen auch stellvertretend für Tante Marika, warf Mutter ihm vor: "Die arme Frau ist mutterseelenallein gestorben und wurde einsam und verlassen begraben. Sie hat immer nur von Ihnen gesprochen und von ihren Enkelkindern, die sie nie hatte sehen können. Wie schade um sie ..." Und die anderen Frauen bestätigten Mutter. Der Mann sagte: "Wie recht Sie haben", und schaute dabei auf die Fotografie in seiner Hand. "Mein Vater hat meiner Mutter ein großes Unrecht angetan. Natürlich auch uns. Er hat uns von ihr getrennt. Wir haben viel geweint, aber er ließ sich nicht erweichen. Er war ein sehr harter Mann. Vor zwei Jahren ist er gestorben. Es ist schon eigenartig, aber ich habe mich über seinen Tod gefreut. Mir war, als hätte ich mich an ihm gerächt. Gerächt, weil er uns unserer Mutter entrissen hatte. Wäre ich doch nur früher gekommen!"

Doch jetzt war es zu spät. Er sammelte die Fotografien, einige kleine Dinge und handgearbeitete Deckchen in zwei, drei Pappkartons und sagte den Frauen: "Nehmt Ihr ihre Kleider, wenn Ihr möchtet!" Mutter und die Nachbarinnen teilten einige Kleider untereinander auf, die meisten waren sowieso schon alt. Der Mann stieg mit den Kartons in ein Taxi und fuhr davon. Am nächsten Tag kam ein Altwarenhändler und holte den Diwan, das Bettgestell und die Konsole ab. Jetzt war Tante Marikas Zimmer ganz leer. Am Fenster hingen nur noch der geblichene geblümte Vorhang und die vergilbten Gardinen. Nach einigen Tagen kam ein Ehepaar, nahm den Vorhang und die Gardinen ab und strich die Wände. Am Tag darauf brachten die beiden auch ihre Sachen und Möbel. Und während die Frau saubermachte, trugen der Mann und die Kinder die Sachen ins Zimmer. Gemeinsam verstauten sie ihre Matratzen und Decken. Mutter brühte eine Kanne Tee auf, brachte sie ihnen und sagte: "Ihr seid bestimmt erschöpft!" Bald darauf kam zum Willkommensgruß auch der Nachbar von unten herauf und brachte einen Topf Suppe mit.

Die Frau hatte drei Söhne und eine Tochter. Einer der Jungen war in meinem Alter, das Mädchen ein, zwei Jahre jünger. Mutter rief mich zu sich und trug mir auf, die Kinder mit den anderen bekanntzumachen. Ich zog mit ihnen los.

Mit den Neuen war die Zahl der Kinder im Haus, also auch der Lärm, größer geworden. Am meisten beschwerten sich darüber Tante Sultan und ihr Mann, die unter Tante Marika wohnten. Schließlich hatte es jahrelang über ihnen keine tobenden Kinder gegeben. Oftmals kamen sie herauf, beschwerten sich, doch mehr als die Antwort: "Es sind eben Kinder" und ein bißchen Schelte erreichten sie nicht. Noch in der Woche, in der unsere neuen Nachbarn eingezogen waren, beschlossen wir, dem kleinen Mädchen einen Streich zu spielen. Wir scharten uns um sie und erzählten ihr, daß in ihrem Zimmer jemand gestorben sei, dessen Seele öfters zurückkomme. Die Arme wollte es zuerst nicht glauben, doch dann versicherten wir alle, daß wir sie gesehen hätten, ja, wir schwörten sogar. Danach konnte die Kleine nicht einschlafen und weinte die ganze Nacht. Am nächsten Tag kam die Mutter mit ihr im Arm zu meiner Mutter, sagte: "Weißt du, was deine Tochter angestellt hat?" und erzählte ihr alles. Ich versuchte, aus dem Haus zu entwischen, aber am Ende geschah, was kommen mußte, Mutter rief mich, sagte: "Du warst es also", nahm ihren Pantoffel und verhaute mich gründlich. Sie konnte natürlich auch nicht umhin, mir anzudrohen, meine Schandtat Vater zu erzählen.

Bis zum Abend ließ ich mich zu Hause nicht blicken. Ich war natürlich auch auf die kleine Sevgi wütend. Aber die kam den ganzen Tag nicht heraus. Bevor Vater kam, ging ich ins Zimmer und sagte Mutter, daß ich mich hinlegen müsse. "Natürlich, du weißt was du angestellt hast, aber schließlich wirst du morgen früh ja wieder aufwachen, nicht wahr?" Ich legte mich hin und zog mir die Decke über den Kopf. Bald danach kam Vater. "Ist sie krank?" fragte er, und Mutter erzählte ihm, was ich getan hatte. Vater wurde sehr böse. "Na, morgen früh stelle ich sie zur Rede", sagte er und setzte sich zum Essen hin.

Am nächsten Morgen wachte ich vor allen andern auf, wagte aber nicht, das Bett zu verlassen. Eine Weile tat ich so, als schliefe ich. Erst nachdem Vater und mein großer Bruder zur Arbeit gegangen waren, stand ich auf. Einige Tage später begann die Schule.

* * *

Wie meine älteren Brüder, wurde auch ich von meinem Vater nach der Volksschule nicht mehr auf eine weitere Schule geschickt. Er gab mich zu einer Schneiderin in die Lehre. Bei ihr lernte ich, wenn auch widerwillig, das Schneiderhandwerk. Die Tage im Wohnhaus waren alle gleich: Menschen, die morgens in Hast durch die Haustür eilten und abends im Dunkeln müde, verdrossen, oftmals ohne Hoffnung, zurückkehrten. Doch am Ende wurde einer der Träume meiner Mutter Wirklichkeit: Vater baute mit meinen Brüdern auf einem Grundstück, daß wir gekauft hatten, eine Hütte mit zwei Zimmern. Den Frühling warteten wir gar nicht erst ab. Wir packten unsere Sachen. Als Mutter morgens sah, daß es schneite, grollte sie. Ich freute mich in der Hoffnung, wir würden noch einige Tage bleiben. Aber umsonst. Mutter war fest entschlossen. Vater besorgte einen Kleinlaster für den Umzug. Als ich ins leere Zimmer zurückblickte, war mir, als sähe ich Tante Marika. Wie viele Jahre war es schon her? Ob ihre Seele hier noch immer umging, fragte ich mich und mußte lächeln. Ob Tante Marikas Seele, vor der ich mich so gefürchtet hatte, gekommen war, um mich zu verabschieden? Langsam ging ich vom Fenster zurück und fragte mich, ob Tante Marika uns wohl auch in unserem neuen Zuhause besuchen würde.

Übersetzung aus dem Türkischen von Cornelius Bischoff

SCHÖN TÖTE MICH!
Ein Hörspiel

HASAN LATİF SARIYÜCE

PERSONEN:

MANN: 60–65 Jahre alt
(SEINE) FRAU: 50–55 Jahre alt
POSTBOTE: 30–35 Jahre alt
ALI BEY: Ein Nachbar, Alter nicht erkennbar

(Effekte: Vogelstimmen, Hackgeräusche in einem Garten, Schritte, Schlagen von Fenstern und Türen, Lachen von Passanten, Rufe von Straßenhändlern, Wagengeräusche, wiehernde Pferde)

MANN — *(Hackgeräusche, Vogelstimme im Hintergrund, als sie abbricht, sind Schritte zu hören)* Komm, Hanum, komm! Ich habe den halben Garten schon umgehackt.

FRAU — Ich sah's vom Fenster aus. Du schwingst die Hacke ohne Pause. Hältst dich wohl für einen Jüngling!

MANN — Ich bin einer, was hast du denn gedacht?

FRAU — Nichts gegen deinen jugendlichen Schwung, aber für heut ist's genug. Den Rest machst du morgen!

MANN — *(mit liebevoller, fröhlicher Stimme)* Keine Angst, meine Schöne, ich mache dich nicht zur Witwe, fühle mich baumstark, Gott sei Dank!

FRAU — *(besorgt)* Ich mache mir wirklich Sorgen.

MANN — *(nachdem der Vogel kurz gezwitschert hat)* Hör doch, der Wildfang gebärdet sich wie toll, seit er im Garten ist. Zertrümmert noch den Käfig.

FRAU — Schon gut, schon gut, ich geh jetzt Essen machen. Hack langsamer, ruh dich zwischendurch aus, vergiß bitte nicht, was der Doktor gesagt hat!

93

MANN – Ich will aber vergessen, was er gesagt hat. *(imitiert den Arzt)* Mein lieber Freund, wenn Sie die Medizin nicht einnehmen, die ich Ihnen verschreibe, und wenn Sie meine Ratschläge nicht befolgen, könnten Sie eines Tages bums! umfallen und das Zeitliche segnen.

FRAU – Wie soll er es dir sonst sagen, der Doktor? Er will doch nur dein Bestes.

MANN – Aber doch nicht mit dem Holzhammer!

Zwischenmusik...

MANN – *(Hackgeräusche, der Vogel zwitschert, in der Ferne antwortet ein anderer)* Nimm dich in acht, kleiner Vogel, da will dir jemand den Kopf verdrehen. Kaum hast du das Gezwitscher gehört, drehst du richtig auf. Morgen geh ich zum Vogelhändler und besorge dir ein Frauchen, versprochen! Aber wehe, du magst sie wieder nicht und hackst auf sie ein! *(Auf der Straße gehen Mädchen und junge Burschen lachend und scherzend vorbei)* Von wegen pausenlos die Hacke schwingen! Aber nicht drum herumkommen, den hübschen Mädchen einen Blick zuzuwerfen! *(seufzt)* Oh Jugendzeit, wohin bist du entschwunden! Was würde ich nicht dafür geben, jetzt wie sie zu sein! *(Während der Vogel zwitschert, murmelt der Mann beim Hacken ein Lied):* Hab keine Macht über den jungen Tag, find niemanden, der mich verstehen mag, ach, mein Tod geht mir durch den Sinn, und der Vogel singt im sonnigen Grün ...

POSTBOTE – *(unerwartet)* Guten Tag, mein Herr!

MANN – *(überrascht)* Ach so, ein Postbote. Obwohl ich die Straße im Auge hatte, habe ich Ihr Kommen gar nicht bemerkt, und plötzlich stehen Sie neben mir.

POSTBOTE – Wir Postboten haben einen leichten Gang, mein Herr.

MANN – Jedesmal, wenn ich einen Postboten sehe, freue ich mich. Aber ich will Sie nicht aufhalten, kann ich etwas für Sie tun?

POSTBOTE – Nein, nein, ich sah nur, wie schwungvoll Sie die Erde hacken und wie gut gelaunt Sie sich mit dem Vogel unterhalten, da blieb ich stehen und schaute Ihnen zu.

MANN – Und ich bemerkte Sie überhaupt nicht. Übrigens sehe ich Sie hier zum ersten Mal. Sie sind wohl neu hier.

POSTBOTE – Ich bin schon lange dabei, aber in diese Straße komme ich zum ersten Mal.

MANN – Zum ersten Mal in eine Straße kommen, muß aufregend sein.

POSTBOTE – Nicht für mich. Für mich ist jede Minute voller Aufregung, bei jedem Schritt schlägt mir das Herz bis zum Hals, deswegen wird es mir gar nicht bewußt, wenn ich meine Schritte in eine neue, mir unbekannte Straße lenke.

MANN – Nun, das empfindet jeder anders. Jeden Tag neue Straßen sehen, neuen Gesichtern begegnen, neue Eindrücke haben, muß interessant sein.

POSTBOTE – Sind Sie Schriftsteller?

MANN – Nein, warum fragen Sie?

POSTBOTE – Weil Sie wie ein Schrifsteller, wie ein Dichter sprechen.

MANN – Ich bin kein Schriftsteller, aber vielleicht gefühlvoller als ein Dichter. Schau dir diese voll in Blüte stehenden Bäume an, die fliegenden Vögel dort ... Wenn ich das sehe, spüre ich, daß ich lebe.

POSTBOTE – Ich kannte einmal einen Dichter, der die Natur auch sehr schön beschrieb. Er hat zahllose Schäfergedichte geschrieben.

MANN – Lebt er hier? In dieser Stadt?

POSTBOTE – In welcher Stadt er lebte, weiß ich nicht mehr. Es ist schon sehr lange her.

MANN – Sehr lange her? Sie sehen aber nicht sehr alt aus.

POSTBOTE – *(lacht leise)* Wie alt sehe ich denn aus?

MANN – So um die Dreißig.

POSTBOTE – Mein Alter kann niemand richtig schätzen. Sie konnten es auch nicht.

MANN – Wie alt sind Sie denn, mein Freund?

POSTBOTE – Ehrlich gesagt, ich weiß auch nicht, wie alt ich bin. *(Geräusche vorbeifahrender Wagen, Rufe fliegender Händler)*

MANN – Sie machen den Eindruck eines interessanten Menschen. Und ihre Posttasche ist prall gefüllt. Haben Sie heute noch keine Briefe ausgetragen?

POSTBOTE – Und ob ich schon welche ausgetragen habe. Mein Dienst dauert vierundzwanzig Stunden. Ich habe heute schon eine Unmenge Briefe ausgetragen.

MANN – In der Tat ... Es ist jetzt siebzehn Uhr. Um diese Zeit ist eigentlich Dienstschluß, und die Postboten kehren ins Postamt zurück, legen sich nur noch die Briefe für morgen zurecht.

POSTBOTE – Meine Arbeit ist nie getan. Wenn ich doch nur einmal Feierabend hätte, mich irgendwo hinsetzen, in Ruhe eine Zigarette paffen und einen Tee trinken könnte!

MANN – Sie erstaunen mich, mein Freund, haben Sie kein Zuhause, keine Familie?

POSTBOTE – Ja und nein!

MANN – Sie sprechen in Rätseln.

POSTBOTE – Vereiratet bin ich eigentlich nicht, habe auch kein Zuhause. Aber die Straßen, durch die ich ziehe, die Familien, die Kinder kann ich mein eigen nennen. Ich kenne alle persönlich, kenne ihre Namen, ihr Alter, ihre geheimen Wünsche. Trotz meiner vielen Arbeit verweile ich manchmal und betrachte die spielenden Kinder in den Straßen, möchte zu ihnen gehen, ihnen über die Haare streichen, aber ich bring's nicht über mich.

MANN – Warum denn nicht?

POSBOTE – Ich bringe jede Blume, die ich berühre, zum Welken.

MANN – Das glaube ich Ihnen nicht.

POSTBOTE – Da war in alten Zeiten doch einmal ein König ...

MANN – *(hackt weiter)* Welcher König?

POSTBOTE – Hieß er nicht Midas oder so ähnlich? Nun, er wünschte sich, daß alles, was er berühre, zu Gold werde. Und Gott

96

erfüllte ihm den Wunsch. Denn an jenem Tag war der Schöpfer so gut gelaunt, daß er jeden Wunsch eines jeden Menschen erfüllt hätte.

MANN – Wie anschaulich Sie erzählen können. So, als wären Sie in jener Zeit dabeigewesen. Wer Ihnen zuhört, könnte meinen, Sie wären damals sogar in Gottes Nähe gewesen.

POSTBOTE – Nehmen Sie an, ich saß neben ihm. Was ändert es? Ich erzähle Ihnen von meiner Wirklichkeit. Nun, mir geht es wie jenem König Midas. Alles was ich berühre, wird zwar nicht zu Gold, sondern, ganz im Gegenteil, es schwindet dahin.

MANN – Sie sind schon seltsam. Sie hüten sich sogar davor, das Schöne zu berühren. Lassen Sie sich von mir einen Rat geben. Berühren Sie, wonach Ihnen der Sinn steht. Streicheln Sie die Kinder, riechen Sie an den Blumen. Sie werden nicht welken, nicht dahinschwinden. Aber genau genommen, reicht das noch nicht. Meiner Meinung nach, mein Freund, müssen Sie einiges mehr tun!

POSTBOTE – Was muß ich denn tun? Sie machen mich neugierig. *(Eine Gruppe fröhlicher Mädchen geht vorbei, man hört ihre Stimmen, ihr Lachen)*

MANN – Heiraten Sie, mein Freund, heiraten Sie! Sehen Sie sich diese knusprigen Mädchen da draußen an. Suchen Sie sich eine aus, bauen Sie sich mit ihr ein Nest. Jedes Wort aus Ihrem Munde schreit danach. Ich erkenne die Wünsche eines Menschen, wenn ich ihn nur anschaue. Sie sehnen sich danach, ein glückliches Heim zu gründen.

POSTBOTE – Warum sollte ich lügen? Dieser Gedanke ist mir schon oft gekommen.

MANN – Wenn es so ist, steht dem doch nichts im Wege. Sie haben das richtige Alter, fehlt nur noch der Entschluß!

POSTBOTE – Wenn allein der Entschluß genügte, das Problem zu lösen ...

MANN – Nicht auf die lange Bank schieben, mein Freund. Wichtig ist, sich schnell zu entschließen. Das andere wickelt sich ab wie der Wollfaden eines Strickstrumpfs. Sie werden mir Ihr geringes Einkommen, die schwierige Wohnungssuche entgegenhalten, aber das sind keine großen Hindernisse, mein Freund, die lassen sich überwinden.

POSTBOTE – Das meinte ich auch nicht, als ich von Problemen sprach.

MANN – Ich weiß es ja nicht, aber was für Probleme könnte ein Beamter denn haben, die einer Heirat im Wege stünden?

POSTBOTE – Haben Sie es vergessen? Gerade eben konnten Sie mein Alter nicht schätzen. Und wenn ich nun nicht so jung bin, wie ich aussehe? Ich bin zum Beispiel viel älter als Sie. Ist das etwa kein Problem?

MANN – Ach gehen Sie ... Lassen Sie die Späße! Niemand kann behaupten, daß Sie über fünfunddreißig sind. Sagen wir meinetwegen sechsunddreißig ... Also just in dem Alter, in dem man heiratet. Wenn Sie aber noch länger warten, verliert die Sache an Reiz.

POSTBOTE – Nun gut, Sie glauben mir nicht, daß ich sehr alt bin. Und wenn ich Ihnen sagte, daß mir das Heiraten verboten sei?

MANN – Wer hat es verboten? Die Ärzte? Scheren Sie sich nicht um die! Die machen aus der Mücke einen Elefanten! Wenn's nach den Doktoren ginge, wäre ich schon lange tot. Vor zwei Jahren gaben sie mir noch sechs Monate. Und wie Sie sehen, seit zwei Jahren bin ich gesund wie ein Fisch im Wasser *(bekräftigend hackt er mit einigen schnellen Schlägen)*. Keine Arbeit ist mir zu schwer, meine Kraft reicht allemal. Komm dichter heran, ich will dir ein Geheimnis anvertrauen! *(Geflüster)* Ja, genau viermal die Woche! *(Beide lachen)*

POSTBOTE – Gratuliere! Ein beachtlicher Erfolg!

MANN – Aus jedem Ihrer Haare sprüht Gesundheit! Sie sind in dem Alter, in dem man Berge versetzen kann. Ach, ich wollte, ich wäre an Ihrer Stelle!

POSTBOTE – Was würden Sie denn tun, wenn Sie in meinem Alter wären?

MANN – Was ich nicht alles täte! Mit den schönsten Mädchen würde ich ausgehen und mich vergnügen, ich würde das Leben nicht so ernst nehmen, würde mich nicht freiwillig einzwängen ...

POSTBOTE – Aber auf dieser Welt herrschen nun einmal Gesetze, denen man sich beugen muß.

MANN – *(lacht spöttisch)* Ha, ha, auf diese Gesetze pfeife ich!

POSTBOTE – Daß Sie sich gegen Regeln auflehnen, kann ich nicht glauben. So einen Eindruck machen Sie auf mich gar nicht.

MANN – Ich bin natürlich kein Anarchist. Bis jetzt habe ich lammfromm gelebt. Diese Sinnlosigkeit hatte ich nicht begriffen. Erst als ich älter wurde, kam ich dahinter.

POSTBOTE – Ich verstehe sehr gut, was Sie sagen wollen. Gott stattete den Menschen mit Verstand aus, doch der Mensch setzte ihn nicht so ein, wie er sollte. Hätte Gott gewollt, daß der Mensch blind daherlebe, hätte er ihm keinen Verstand gegeben.

MANN – Sie sind ein kluger Mann, mein Freund. Ich bin ganz Ihrer Meinung.

POSTBOTE – Ich sagte dies nicht, weil ich besonders klug bin oder viel weiß, sondern weil es gerade an der Zeit war.

MANN – Sie haben schon viel Treffliches gesagt, wenn Sie gestatten, kommen wir doch auf das Thema Heirat zurück!

POSTBOTE – *(verwirrt)* Thema Heirat?

MANN – Ja, mein Freund, sehen Sie das Haus da drüben?

POSTBOTE – Ich sehe es.

MANN – Eben in diesem Haus wohnt ein Mädchen, fünfund-zwanzig Jahre alt.

POSTBOTE – Gott erhalte sie ihren Angehörigen!

MANN – Sie hat keine Angehörigen. Ihr Name ist Tülay. Ein bildschönes Mädchen, gut gewachsen, und das Haus, in dem sie wohnt, gehört ihr auch.

POSTBOTE – Und sie hat niemanden?

MANN – Niemanden. Ihre Eltern sind bei einem Verkehrsunfall ums Leben gekommen. Der Todesengel hat ihre Seelen früh geholt.

POSTBOTE – Sie mögen in lockerer Erde ruhen!

MANN – Ich kenne Tülay seit ihrer frühesten Kindheit. Sie würde eine prächtige Ehefrau abgeben.

POSTBOTE – Da bin ich sicher.

MANN – Ich schlage folgendes vor: Du bleibst zum Abendessen bei uns, wir bitten auch Tülay zu uns, und du lernst sie kennen. Hast du sie einmal kennengelernt, verfliegt deine Unschlüssigkeit im Nu!

POSTBOTE – Ich weiß nicht so recht. Da sind noch so viele Briefe auszutragen.

Geräusch einer sich öffnenden Tür, danach Schritte

FRAU – Du bleibst aber lange im Garten! Ich habe eure Stimmen gehört, mit wem hast du dich denn die ganze Zeit unterhalten?

MANN – Hier, mit dem jungen Freund, dem Postboten.

FRAU – Welchem Postboten? Ich sehe niemanden.

MANN – Oh Gott, er war doch eben noch hier. Ist der Mann denn weggeflogen?

FRAU – Wenn's ein Postbote war, mußte er bestimmt weiter.

MANN – So wird's sein. Du hättest ihn kennenlernen sollen. Ein außergewöhnlicher Mann.

FRAU – Um diese Zeit sind die Postboten eigentlich nicht mehr unterwegs. Von welchem Viertel war er denn?

MANN – Aus dieser Gegend hier. Er trägt Tag und Nacht Briefe aus.

FRAU – So einen Postboten habe ich noch nie erlebt.

MANN – Ich habe ihn zum Abendessen eingeladen. Bitten wir auch Tülay zu uns!

FRAU – Sollen wir jetzt noch den Heiratsvermittler spielen? Ich weiß nicht so recht. Und was antworten wir, wenn sie uns vorwirft, ob wir für sie nicht etwas Besseres hätten finden können, als einen Postboten?

MANN – So etwas sagt Tülay nicht. Sie ist wie unsere eigene Tochter. Der Postbote ist übrigens ein gut aussehender Mann und sehr gebildet. Dem Mädchen wird das Wasser im Munde zusammenlaufen.

FRAU – Mir soll's recht sein, das Essen ist fertig. Ich habe einen Lammbraten in der Röhre. Dazu gibt es Pilav. Der Salat ist gewaschen, er muß nur noch abtropfen. Du kannst ihn am Eßtisch ganz frisch zerschneiden. *(Der Vogel zwitschert, Stimmen auf der Straße)*

MANN– Haben wir noch Raki im Schrank? Wenn nicht, hole welchen vom Krämer. Da kann ich mit meinem Freund, dem Postboten, einen kleinen lüpfen.

FRAU – Schon wieder? Die Ärzte haben dir doch verboten, auch nur einen Schluck zu trinken.

MANN – Scher dich nicht um die Ärzte!

FRAU – Du hast so lange nicht getrunken. Willst du die Diät aussetzen?

MANN – *(fröhlich)* Ja, ich werde sie aussetzen.

FRAU – Der Leichtsinn scheint dich heut' zu reiten.

MANN – Soll er! Zum Trübsal blasen ist noch Zeit genug.

FRAU – So bist du nun mal – hin und wieder!

MANN – So bin ich immer, meine Schöne, und so werd' ich auch immer bleiben.

FRAU – Dein ungestümes Verhalten macht mir Angst.

MANN – Angst? Wovor?

FRAU – Ich weiß nicht so recht, die Ärzte ...

MANN – *(unterbricht sie)* Laß jetzt diese unkenden Ärzte. Was sie auch reden, ich werde leben. Ich mich von dir trennen? Kann ich doch gar nicht. Ich werde leben, sogar länger als hundert Jahre!

FRAU – Ich geh zurück ins Haus. Wenn du schon Gäste eingeladen hast, will ich die Gedecke noch einmal durchsehen.

Zwischenmusik...

MANN – *(Der Vogel schilpt)* Langweilst du dich jetzt hier draußen, mein Kleiner? Alle Vögel schweigen schon. Wie heißt es? Städter nach Haus, Dörfler ins Dorf! *(Mädchen juchzen)* Die Mädchen vom Lyceum! *(singt murmelnd):* Der Mensch gerät schier aus dem Häuschen – Die Nacht, die Sterne, dieser Duft – Und dieser Baum in voller Blüte.

POSTBOTE – Sie singen schon wieder, wie schön!

MANN – Ach, Sie sind es! So plötzlich, wie Sie verschwinden, tauchen Sie wieder auf.

POSTBOTE – Während Sie sich mit Ihrer Frau unterhielten, habe ich mich aufgemacht und Briefe ausgetragen.

MANN – Ich sagte mir, Sie würden bestimmt nicht gehen, ohne sich zu verabschieden.

POSTBOTE – Das ist doch selbstverständlich.

MANN – Wissen Sie, gestern bekam ich auch einen Brief, aber der Postbote war ein anderer.

POSTBOTE – Ich bin nur für Briefe zuständig, die schnell an den Adressaten kommen müssen.

MANN – Nun, dieser Brief hatte es nicht eilig. Er war von meinem Bruder. Der ist schon an die sechzig, aber er schreibt mir alle zwei, drei Monate.

POSTBOTE – Die Menschen schreiben nicht mehr so gern, sie rufen an.

MANN – Wir telefonieren auch miteinander, aber mein Bruder mag aufs Briefeschreiben nicht verzichten.

POSTBOTE – Eine gute Angewohnheit, denke ich.

MANN – Zeit seines Lebens wollte er Schriftsteller werden, daraus wurde nichts. Indem er mir schreibt, versucht er sich einen Ausgleich zu schaffen für seinen unerfüllt gebliebenen sehnlichen Wunsch. *(Kreischende Bremse eines Autos)* Unser Nachbar, Ali Bey, kommt von der Arbeit. Er fährt schon jahrelang, aber weich bremsen kann er noch immer nicht.

ALI BEY – Merhaba, Nachbar! Möge dir die Arbeit leicht von der Hand gehen!

MANN – Und dir nur leichte Arbeit ins Haus stehen, Ali Bey!

ALI BEY – Donnerwetter! Du hast den Garten ja tipptopp in Ordnung gebracht.

MANN — Mein Lieber, ich möchte dich mit einem Freund, dem Postboten, bekanntmachen.

ALI BEY — Mit wem willst du mich bekanntmachen?

MANN — Mit meinem Freund, dem Postboten.

ALI BEY — Ich kann niemanden sehen.

MANN — *(verwirrt)* Hat sich schon wieder in nichts aufgelöst. Mal taucht er auf, mal verschwindet er, ich begreife das nicht.

ALI BEY — Was begreifst du nicht, Nachbar?

MANN — Bis vor kurzem war hier neben mir ein Postbote. Ich dachte, er sei immer noch da und wollte ihn mit dir bekanntmachen.

ALI BEY — Die Postboten sind schnellfüßig, weißt du das nicht?

MANN — Weiß ich, weiß ich, aber ich wußte nicht, wie schnell!

ALI BEY — Ich werde mich morgen nach jemandem umsehen, der mir den Garten macht. Er verschwindet unter Wildkräutern.

MANN — Du tätest gut daran! Gärten müssen jetzt umgegraben, die Rosensträucher jetzt beschnitten werden.

ALI BEY — Wo du gerade Rosensträucher sagst. Am Platz der Jugend steht ein zweigeschossiges Haus, du müßtest einmal die Balkone und Fenster sehen, mein Lieber!

MANN — Warum? Etwas Besonderes?

ALI BEY — Die Simse vor den Fenstern sind voller Blumentöpfe, man weiß nicht, was man zuerst bewundern soll, die Tontöpfe oder die Blumen.

MANN — Du hast mich neugierig gemacht, bei erster Gelegenheit werde ich sie mir anschauen.

ALI BEY — Die wertvollen und schönen Tontöpfe sind so geschmackvoll aufgestellt worden, man hat sie in Einklang mit den Farben der Blumen aufgereiht. Mir wurde fast schwindlig beim hinaufstarren.

MANN — So ist es, lieber Nachbar, Schönheit ist wie ein starker Trunk, sie macht benommen.

Mit ohrenbetäubendem Lärm fährt ein altes Auto vorbei

MANN – Warum rast du eigentlich noch mit diesem schrottreifen Wagen herum? Er klappert und quietscht an allen Ecken und Enden, bis er irgendwann knacks! mittendurch bricht.

ALI BEY – Der bricht nicht, mein Lieber, ist ein deutsches Fabrikat, du weißt ja, die Deutschen sind für's Stabile.

Wagengeräusche aus verschiedenen Richtungen

MANN – Ali Bey, diese Welt wird immer häßlicher. Wir sind die Gefangenen dieser lärmenden Maschinen geworden. Die Erde, der Himmel, die Häuser sind voll von ihnen. *(Musik ertönt durch einen Lautsprecher)* Hör dir diesen Lärm an. Bis zum Geht-nicht-mehr aufgedreht lassen sie brüllen! Heißt Musik machen denn Krach machen?

ALI BEY – Du hast ja recht, aber reg dich nicht auf!

MANN – Ist das nötig? Stille ist etwas Schönes in unserer Welt. Warum stören die Menschen diese Stille?

ALI BEY – Sie stören sie, was können wir tun.

MANN – Als erstes werde ich morgen das Haus aufsuchen, von dem du mir erzähltest. Ich werde den Hausbesitzer ausfindig machen und ihm die Stirn küssen. Sollte er älter sein als ich, küsse ich ihm die Hände.

ALI BEY – Ich wünsche dir einen geruhsamen Abend. Im Haus war die Butter ausgegangen, ich habe unterwegs welche gekauft. Der Pilav ist bestimmt schon gar, und die Hanum wartet auf die Butter.

MANN – Auch dir einen schönen Abend! Ohne gesottenes Fett schmeckt der Pilav nicht. *(singt wieder leise)* Rauch muß aus dem Schornstein steigen – Nebel sich auf Gipfel senken – und so leis wie Brunnen rinnen – sollte man die Lieder singen.

POSTBOTE – Einen gesegneten Abend, mein Herr!

MANN – Einen gesegneten Abend! Plötzlich waren Sie wieder verschwunden. Diesmal, dachte ich, würden Sie nicht wiederkommen.

POSTBOTE – Zwei Straßen weiter sollte jemand einen Brief bekommen, ich überbrachte ihn.

MANN – Gut getan!

POSTBOTE – Ein miserabler Beruf, der unsrige ... Der Brief hat das ganze Haus durcheinandergebracht. Diese lauten Klagelieder und dieses Wehgeschrei, sag ich Ihnen ...

MANN – Der Brief war demnach eine Todesnachricht.

POSTBOTE – So muß es gewesen sein. Wenn ich auch dauernd unterwegs bin, denken Sie ja nicht, daß ich diese Arbeit gern tue.

MANN – Wenn Sie Ihren Beruf nicht lieben, ergreifen Sie doch einen anderen!

POSTBOTE – Wenn ich das nur könnte, ich würde keinen Tag länger zögern.

MANN – Es gibt keinen Grund zum Pessimismus. Heute schon könnte sich für Sie eine neue Tür auftun.

POSTBOTE – Wie meinen Sie das?

MANN – Das Mädchen, das Sie bald kennenlernen werden, ist nicht nur schön, sondern auch vermögend. Wenn Sie geschickt sind, können Sie sich eine neue Existenz aufbauen. Ich glaube sowieso nicht, daß Tülay Sie noch lange als Postbote arbeiten lassen wird.

POSTBOTE – Ach, wenn sich so etwas nur machen ließe ... Aber es ist unmöglich.

MANN – Auf dieser Welt ist nichts unmöglich.

POSTBOTE – Aber mir sind sämtliche Türen verschlossen.

MANN – Gibt es in diesem Zeitalter denn noch Türen, die sich nicht öffnen lassen?

POSTBOTE – *(Ein Pferd wiehert in der Ferne)* Zum Beispiel jenes Pferd. Kann es zum Menschen werden, so gern es auch wollte? Oder umgekehrt der Mensch, so sehr er auch wollte, zu einem Pferd?

MANN – Das ist doch etwas ganz anderes, mein Freund.

POSTBOTE – Auf mich passen diese Beispiele aber ganz genau.

MANN – Das sind Spielereien mit der Logik.

POSTBOTE – Ach, wenn Sie wüßten, wenn Sie verstünden ....

MANN – Was gibt es da noch zu verstehen, mein Freund?

POSTBOTE – Ich glaube nicht, daß Sie verstanden haben.

MANN – Warum sollte ich denn nicht verstanden haben? Ich spreche von einer Berufsveränderung, und Sie kommen mir mit dem Beispiel einer Veränderung der Art.

POSTBOTE – Das ist bei mir dasselbe.

MANN – Nun machen Sie aber einen Punkt!

POSTBOTE – Ach, wenn Sie wüßten, es ist noch ganz anders.

MANN – Nun, wenn Sie Ihrem Beruf so verhaftet sind ...

POSTBOTE – *(unterbricht ihn)* Auch darum geht es nicht.

MANN – Es kommt alles ins Lot, wenn Sie es sich nur ernsthaft vornehmen.

Ein Fenster wird geöffnet

FRAU – *(von weitem)* Huhu, Lieber, ist der Postbote noch nicht gekommen? Das Essen ist fertig, und Tülay ist auch schon da. Wir warten, beeilt euch!

MANN – Zu Befehl, mein Sultan! Wir kommen geflogen. *(Der Vogel schilpt)* Dich hätte ich beinahe vergessen, kleiner Vogel. Da hättest du es aber mit der Angst bekommen, so allein. Du gerätst ja schon außer dir, wenn du meine Stimme nicht mehr hörst.

POSTBOTE – Wie ich sehe, hängen Sie sehr an dem Vogel.

MANN – Er an mir um vieles mehr. Ob Sie's glauben oder nicht, er gerät wirklich außer sich, wenn er meine Stimme nicht hört. Tobt wie verrückt im Käfig herum. Sollte mir etwas zustoßen, würde er tot von der Stange fallen.

POSTBOTE – Ich hörte einmal, daß Vögel gute Menschen mögen.

MANN – Ob die Vögel mich mögen, weiß ich nicht, aber ich liebe sie. Und wie ist es mit Ihnen?

POSTBOTE – *(überrascht)* Darüber habe ich noch nicht nachgedacht. Besser gesagt: ich hatte noch nie die Zeit, mich mit ihnen zu befassen.

MANN – Beim Anblick schwärmender Vögel am blauen Himmel verliere ich fast den Verstand. Unglaublich schöne Dinge fallen mir dabei ein.

POSTBOTE – Zum Beispiel?

MANN – Haben Sie schon einmal Zugvögel beobachtet?

POSTBOTE – Nein.

MANN – Früher, berichten die Alten, sollen bei Frühlingsbeginn Abertausende über diese Stadt geflogen sein. Heute nicht mehr. Sie haben ihre Flugroute geändert. Als die Stadt immer größer wurde, haben sie bestimmt Angst bekommen. Jetzt ziehen sie dreißig Kilometer westlich vorbei.

POSTBOTE – Das wußte ich nicht.

MANN – Ich bin ganz versessen darauf. Wenn der März kommt, setze ich mich in meinen Wagen und fahre los, Vogelzüge zu beobachten. Glauben Sie mir, in der ganzen, riesigen Ebene bin ich weit und breit der einzige. Kein Fernsehteam, nicht einmal Presseleute sind mir jemals begegnet.

POSTBOTE – Das überrascht mich.

MANN – Mir soll's recht sein. Wenn ich in himmelblaue Träume versunken die Vogelschwärme betrachte, würde mich ein pausenlos schwatzender Reporter nur stören. Obwohl ich ein redseliger Mensch bin, wie Sie an meinem pausenlosen Gerede erkennen, nicht wahr?

POSTBOTE – Ich genieße Ihr pausenloses Reden, wie Sie sagen.

MANN – Nun, ich sprach vom Vogelzug. Stellen Sie sich vor, Flügel an Flügel, hunderttausende Vögel. Wohin fliegen sie? Früher stellte ich mir vor, sie flögen in eine andere Welt.

POSTBOTE – In eine andere Welt?

MANN – Ja, in eine andere Welt. Aber wenn ich jetzt zu den Schwärmen der Vögel emporstarre, kann ich gar nicht mehr träumen. Man hat der Welt ja nichts mehr an Geheimnisvollem gelassen. Betrachtet man sie aus dem All, ist sie nur noch faustklein. Wie soll eine fußballgroße Kugel einen Menschen auch inspirieren?

POSTBOTE – Entschuldigen Sie bitte, daß ich Sie unterbrechen muß!

MANN – Ich rede zuviel und langweile Sie, nicht wahr?

POSTBOTE – Nein, das ist es nicht, aber als ich in meiner Tasche kramte, fiel mir ein Brief in die Hände, der an Sie gerichtet ist. Mir scheint, daß er sehr wichtig ist, denn er trägt ein rotes Siegel.

MANN – Das wundert mich, denn bis heute habe ich noch nie einen versiegelten Brief bekommen. Geben Sie her! *(Geräusch, als wenn ein Brief geöffnet wird, der Mann spricht zögernd)* 'Mein liebes Menschenkind! Ich erwarte dich hier!' steht da. Ich ... Ich verstehe das überhaupt nicht.

POSTBOTE – *(mit gelassener, trockener Stimme)* Gott ruft Sie ohne Zeitaufschub zu sich.

MANN – *(stotternd)* Wie das? Da ist doch noch Ihre Heirat! Außerdem warten ein gutes Essen und zwei schöne Frauen auf uns.

POSTBOTE – Entschuldigen Sie bitte, aber Ihre Zeit ist schon seit geraumer Weile abgelaufen, und ich muß noch an so viele Türen klopfen ... Meine Arbeit duldet keinen Aufschub!

MANN – Warten Sie, jetzt wird es mir klar. Wie einfältig ich doch bin. Sie sind gar nicht der Postbote, Sie sind der Todesengel! *(Zuerst sprach er stotternd, dann immer freier)* Täuschen Sie sich nicht, weil ich so verstört bin, aber ich warte auf Sie, seit ich denken kann.

POSTBOTE – Alle Menschen, die den Sinn des Lebens begriffen haben, warten auf mich!

MANN – *(noch gelassener)* Aber daß Sie in dieser Aufmachung kommen würden, hatte ich nicht erwartet.

POSTBOTE – Wie hatten Sie sich denn meine Aufmachung vorgestellt? *(in spöttischem, aber warmem Tonfall)* Als ein Ungeheuer mit sieben Köpfen?

MANN – Nein, nein. Ich liebe Ungeheuer. Sie waren die Herrscher in den Märchen, die mir meine Mutter erzählte. Ich hatte Sie mir, nehmen Sie es mir nicht übel, in einer närrischeren Verkleidung vorgestellt. Als ein geflügeltes, undefinierbares Wesen mit einem lächerlichen Kopf wie die alten ägyptischen Götter ... Als einen häßlichen Vogel, der sich mit seinen schmutzigen Klauen, die noch nie eine Schere gesehen haben, überall festkrallen kann ... Und jedesmal, wenn ich an Sie dachte, bekam ich es, ehrlich gesagt, mit der Angst. Schon bei Ihrem Namen lief mir ein Schauer über den Rücken.

POSTBOTE – Verbrachten Sie Ihr Leben in Angst vor mir?

MANN – Nein, ich hatte nie Angst vorm Sterben. Ich hatte nur Angst davor, daß Sie mich im unpassendsten Augenblick überraschen und sich auf mich stürzen würden.

POSTBOTE – Sind Sie demnach angenehm überrascht, weil ich Ihnen nicht in einer Angst und Schrecken erregenden Aufmachung erscheine?

MANN – Dafür bin ich Ihnen dankbar. Es zeigt, daß Sie mich ernst nehmen. Aber eigentlich ...

POSTBOTE – *(unterbricht ihn)* Eigentlich ist es egal, in welcher Aufmachung ich komme und in welchem Augenblick ich die Menschen hole, das Ergebnis bleibt dasselbe.

MANN – Richtig, mein Herr, der Tod hat nur eine Wirklichkeit. Aber es gibt Unterschiede im Sterben. Ich hatte immer Angst davor, tagelang, monatelang qualvoll zu sterben. Aber der Tod? Ich glaube nicht, daß er schrecklich ist. Vielleicht ist er das wahre Glück.

POSTBOTE – Geht der Ruf Gottes nicht auch in diese Richtung?

MANN – Ich weiß es nicht, ich habe nie darüber nachgedacht, welches die Gründe sein könnten, nach denen der Schöpfer das Auslöschen eines Menschenlebens als ein Glück betrachtet. Mich hat nicht der Tod, mich hat nur das Umfeld des Sterbens immer befremdet.

POSTBOTE – Was befremdet sie daran?

MANN – Denken Sie doch mal nach: Nach einer Weile wird meine Frau kommen und sehen, wie ich leblos auf der Erde liege. Sie wird aufschreien. Alle Nachbarn werden hier zusammenlaufen. Mein Bruder wird benachrichtigt werden, auch die anderen Verwandten. Tränenreiche, unnötige Zeremonien werden folgen ... Ich habe oft davon geträumt, wie eine Feldblume zu sterben. Wie schön ist doch ihr Lebensende in freier Natur. Wenn sie verwelkt ist, weht sie der vom Land kommende Sommerwind wie auf silbernen Flügeln zu den Berghängen – und das war es dann! Kein Schrei, keine Träne, keine Trauerfeier ... Welch schönes, naturgegebenes Ende ...

POSTBOTE – Wenn Sie erlauben, mein Freund ...

MANN – Ich bitte Sie sehr, mich nicht zu unterbrechen! Das sind meine Worte, Sie können sie als mein letztes Geschwätz abtun. Ich werde mich kurz fassen. Höchstens noch zwei Sätze. Keine Angst, ich werde Sie nicht um eine Fristverlängerung bitten. Werde mich auch nicht mit des Volksdichters Worten: "Du nahmst mir gestern erst die Mutter und den Vater – nun reicht's, oh Tod, komm wieder zu späterer Zeit" Ihnen zu Füßen werfen. Was ich sagen will: Töte mich in Anmut! Setz mir ein schönes Lächeln ins Gesicht, laß meine Augen nicht aus ihren Höhlen treten. Die hervortretenden, schreckgeweiteten Augäpfel eines soeben Verstorbenen waren mir jedesmal zuwider. Im Augenblick eines verständnisvollen Gesichtsausdrucks sollte die Seele der Toten davonschweben. Das ist es, was ich Ihnen sagen wollte, mein hochverehrter Todesengel, s c h ö n töte mich, wenn es dir keine Umstände macht. Wer mich sieht, soll sagen: "Er war ein schöner Mann, schön noch im Tode!" *(Nach dem letzten Wort das dumpfe Geräusch eines auf den Boden aufschlagenden Körpers)*

POSTBOTE – Er ist davongegangen, wie er es wünschte. Er fiel nur ein bißchen überstürzt! *(Der Vogel zwitschert aufgeregt und schweigt ganz plötzlich)* Sieh da, der Vogel ist ihm gefolgt, dabei hatte ich für ihn doch gar keinen Abruf!

FRAU – *(von weitem)* Huhu! Wo seid ihr? Die gedeckte Tafel wartet auf euch. Laßt das Abendessen nicht kalt werden!

Übersetzung aus dem Türkischen von Cornelius Bischoff

DER SCHAKAL

ZERRİN POLAT

Außer Atem sank er im Schnee auf die Knie. Er spürte, wie alles Leben aus seinen Beinen gewichen war. Seit sieben Tagen und Nächten, in denen er nur die Stunden abschätzen konnte und sich das Leben auf körperlich spürbare Zeitabschnitte reduziert hatte, war er atemringend mit der Triebhaftigkeit eines Tieres auf der Flucht. Vor Angst nicht bei Sinnen, kam er sich vor wie ein Gefangener in einem gesetzlosen Land, in dem Angst und Schrecken auf Streife gingen.

"Hinter mir die waffentragenden Jäger, vor mir die Vernehmer in ihren schwarzen Roben! Was soll diese aussichtslose Flucht, wenn sie früher oder später mit dem Tod endet?" Seit sieben Tagen und Nächten flieht er vor seinen Seelenqualen, seinen Jägern und den Gespenstern. Haben die Jäger ihn auch noch nicht gestellt, die Geister seiner Seelenqualen haben sich schon längst seiner bemächtigt. Wenn sie sich wie aufdringliche Gäste schon in den Windungen seines Gehirns, in seinen Augäpfeln und mitten in seinem Herzen eingenistet haben, warum sich noch weiter dieser tödlichen Angst ausliefern?

Er stürzte bäuchlings in den Schnee und blieb so eine Weile liegen. Dann drehte er sich auf den Rücken und streckte sich aus. Vor Hunger und Kälte schien alles Leben aus ihm gewichen zu sein. Seit Tagen schneite es nur noch. Obwohl seine Augen schmerzten, versuchte er sie offenzuhalten. Der Wald war in fleckenloses Weiß gehüllt, nur die Stämme der Bäume waren auszumachen. In diesem Weiß, daß sein Inneres frösteln ließ, war die Einsamkeit und Stille des Todes spürbar. "Ich bin dafür doch nicht der geeignete Mann", schoß es ihm durch den Kopf. "Ich und Kommando in den Bergen?

Kriege kein Gras herunter, auch wenn ich hungrig bin, kann im Schnee nicht schlafen, kann keine Menschen töten, kein Blut sehen, einem Toten nicht in die Augen schauen und sehne mich dauernd nach einer Frau! Nein, für ein hehres Ziel mein Leben in die Schanze zu schlagen, fehlt mir das Herz. Aber nicht nur das Herz, mein ganzer Körper lehnt sich dagegen auf." Als er eingezogen wurde, hatten sie ihn wegen seines stattlichen Äußeren den Kommandos zugeteilt. Seit sieben Monaten war er dabei, und seit vier Monaten gehörte er einem Sonderkommando in diesen Bergen an, wo es nach Blut und Pulver roch. "Ein Scheißkommando!"

Er richtete sich auf, lehnte sich an einen Baumstamm und kramte eine Zigarettenschachtel hervor, die er wegen der Feuchtigkeit tief in seiner Tasche vergraben hatte. Sie barg nur noch zwei Zigaretten. Er zündete sich eine an und nahm sich vor, die andere kurz vor seinem Tod zu rauchen. Aus Angst, sie könne feucht werden, stopfte er mit größter Sorgfalt die Schachtel wieder in seine Brusttasche; dann nahm er einen tiefen Zug. Wie oft hatte er in dieser Woche, während er auf der Flucht war, über sein dreiundzwanzigjähriges unstetes Leben nachgedacht, hatte es wie einen Film immer wieder zurückgespult und erneut ablaufen lassen. Mit dreiundzwanzig Jahren hatte er sein Leben vergeudet wie diese schnell gerauchte Zigarette! Wie der Nordwind war er von den Bergen in die Städte und von den Städten wieder zurück in die Berge gestürmt. Von Anfang an hatte es schon Anzeichen gegeben, daß er aus der vorgezeichneten Spur dieses Lebens abweichen würde. Wie jemand eben, der in einem zu neunzig Prozent islamischen Land als Jeside geboren wird. War das Schicksal? Ist Vorsehung das unerforschliche Geheimnis des Lebens? Gab es welche, die bis zu diesem Geheimnis vordringen konnten? Kam ein Menschenkind, dem es gelingt, die Rätsel des Universums zu lösen, auch hinter das Geheimnis des Lebens? Wer war diese geheimnisvolle Macht in diesem riesigen All, die über diese eigenartige, wie eine Schneeflocke machtlose Menschenseele herrschte? "Zum Teufel, du Verschnitt eines Philosophen!" murmelte er, nahm noch einen so tiefen Zug, daß er sich an der verglühenden Zigarette fast die Fingerkuppen verbrannte und warf die Kippe in den Schnee, wo sie mit leisem Zischen verlöschte.

Nach zwei Semestern an der Philosophischen Fakultät der Istanbuler Universität hatte er das Studium abgebrochen. Er liebte Nihal noch immer. Sie waren Kommilitonen gewesen, und ihre Freundschaft hatte schon im ersten Jahressemester begonnen. In ihrer Nähe hatte er sich immer sicher gefühlt. Sie war eine dieser mütterlichen Mädchen, die jeden unter ihre Fittiche nahmen. Sie selbst nahm das Leben nicht so ernst, konnte ihm in redseliger Art immer wieder die heiteren Seiten abgewinnen. Im Grunde genommen waren sie grundverschieden. Doch sie hatte ihn angezogen wie ein ungleicher Pol den anderen. Daß er der Sekte der Yesiden angehörte, hatte er ihr erst im zweiten Jahr ihres Zusammenseins gestanden. Noch heute kann er sich an ihren plötzlich veränderten Gesichtsausdruck genau erinnern: Nihal wurde leichenblaß und starrte ihn mit zitternden Lippen so erschrocken und verwundert an, als erblicke sie in ihm zum ersten Mal ein unbekanntes Wesen. Dann hatte ausgerechnet sie, die bei jeder Gelegenheit über die Gleichheit der Menschen, den Unsinn der Religionen und den Segen der Arbeit schwadronierte, ihn einfach stehenlassen und war wortlos gegangen. Die Enttäuschung, die Ehrverletzung und der Liebeskummer hatten ihn umgeworfen, und er hatte wochenlang sein Zimmer nicht verlassen. Als er schließlich zur Fakultät zurückkehrte, konnte er es nicht mehr ertragen, trotz Nihals Gegenwart von ihr getrennt zu sein und verließ die Universität, ohne die Folgen bedacht zu haben. Er war ohnehin nicht mehr in der Lage gewesen, sich auf das Studium zu konzentrieren, fühlte sich wie ein Gehbehinderter, dem man die Krücke unter der Achselhöhle weggerissen hatte. "Du machst dich jedesmal aus dem Staub, wenn du in Schwierigkeiten gerätst", haderte er mit sich selbst, "und jetzt hast du wegen deiner Alpträume deine Einheit verlassen und bist geflohen." Diese für einen Mann beschämende Haltung, wies für ihn zweifellos auf menschliche Schwächen, auf eine labile Konstitution hin. Er fühlte sich elend, ihm war zum Weinen zumute. Seit er auf der Flucht war, überkam ihn immer öfter diese Niedergeschlagenheit. Diesmal ließ er sich gehen und weinte eine ganze Weile. Es tat ihm gut, und er beruhigte sich. Dann übermannte ihn der Schlaf.

Rojbins geweitetes, wie das Auge eines geschächteten Schafes hervorquellendes Auge, aus dem auch der letzte Funken Leben gewichen ist, hält ihn mit starrem Blick gefangen und zieht ihn immer schneller in die pechschwarze und sich immer mehr dehnende Dunkelheit des anderen, von der Kugel getroffenen Auges hinein. Und während er immer wieder gegen die Brunnenwand stoßend wie ein Stein in die endlose Schwärze des Schachtes stürzt, weckt ihn sein eigener Schrei. Seit Tagen schreckt er jedesmal, wenn er einnickt, aus ähnlichen Alpträumen hoch, so daß er mit allen Mitteln versucht, die Augen offenzuhalten, nicht einzuschlafen. So nahm Rojbin also Rache!

Seit Tagen ist er vor diesen schrecklichen Alpträumen auf der Flucht. Nur: Auf der Flucht konnte man nicht allem entgehen. Im Gegenteil, mit dieser Flucht zeichnete sich der Anfang seines Endes ab. Für ein Zurück war es schon zu spät. Wie sollte er ihnen sein siebentägiges Umherjagen in den Bergen erklären? "Nimm an, du bist zurück: Verhöre, Gerichtsverhandlungen, Verurteilung, Gefängnisse ... Hast du denn den Schneid, das alles zu ertragen? Und die Alpträume? Denkst du denn, daß sie dich nicht heimsuchen werden? Willst du denn das kurze Abenteuer deines Lebens in einer Zelle für Geisteskranke beschließen? Die Quälgeister haben dich schon seit dem Anfang deiner Flucht im Würgegriff, haben wie mit schlangengleichen Armen eines Kraken deinen Körper und Geist fest umschlungen und lassen dich nicht mehr los. Natürlich wird Rojbin sich rächen! Wird dieses entsetzliche Spiel fortsetzen, bis sie dich im dunklen Abgrund ihres blutigen Auges begraben hat."

Als seine Augen auf den blutbefleckten Stiefeln haften blieben, spürte er, daß sich seine rechte Wange spannte. Er betastete sie und fühlte verkrustetes Blut. Als schmerze sie, verkrampfte sich seine Hand und sackte in seine Armbeuge. Es war Rojbins Blut da in seinem Gesicht, und ein mit Schrecken vermischter Ekel ließ ihn erschauern. Mit einer Handvoll Schnee wischte er minutenlang Gesicht und Stiefel ab.

"Rojbin war die Tochter des Ortsvorstehers. Meine erste Liebe. Damals lebten wir in dem zwischen Bergen eingezwängten Yesidendorf. Ich war fünfzehn Jahre alt und besuchte die Mittelschule in der Provinzstadt. In Rojbin hatte ich mich von weitem verliebt. Es war eine heimliche Liebe. Aber ich spürte, daß ich ihr auch nicht gleichgültig war. Vielleicht nahm ich es aber auch nur an, weil ich es mir wünschte. Als ich mich ihr zum ersten Mal näherte – nach diesem Vorfall ließen mich die Dörfler nicht mehr aus den Augen -, hütete sie in den Bergen ganz allein die Schafe. Ein Büschel blonder Haare, befreit vom Kopftuch, fiel ihr auf die von der Kälte rosige Wange. Sie sah für mich so schön aus, daß ich Herzklopfen bekam. Ich sah sie zum ersten Mal so nah. Wir waren gleichaltrig. Plötzlich begehrte ich das Mädchen. Die ungestüme Saat der im Dorf tabuisierten Sexualität war in meinem Körper schon längst aufgegangen. Zuerst stand Rojbin dicht vor mir und sah mir gerade in die Augen, während sie mir jede meiner Fragen beantwortete, die ich nur gestellt hatte, um die Unterhaltung in Gang zu halten. Erst als ich ihre blonden Haare, die wie eine seidige Strähne auf ihre Wange fielen, ganz sanft berührte, kratzte sie wie eine wütende Katze meine Hand und rannte den grünen Hügel hinunter. Blökend liefen die Schafe hinter ihr her, und untermalt vom Geklingel ihrer Glöckchen echote es wie eine liebliche Melodie von den Hängen. Schuldbewußt stand ich da und sah den Fliehenden nach."

Er hatte ganz woanders hingeschossen als die anderen Soldaten. Auf einen Wasserkrug, auf Kissen, auf einen Spiegel, eine Wand ... Doch plötzlich hatte er diese lauwarme Nässe in seinem Gesicht gespürt, und als er mit der Hand darüberwischte, verschmierte das dunkle, klebrige Blut Wange und Augen. Sein Herz schlug bis zum

Hals, er bekam keine Luft. Zum ersten Mal hatte er einen Menschen getötet. Und ausgerechnet ihm blieb das Blut aus dem getroffenen Auge des Mädchens wie ausgespuckter Speichel im Gesicht kleben. Dabei hatte er ziellos um sich geschossen. Wie gefällte Bäume waren sie übereinandergestürzt. Im Schlaf überrascht, hatte keiner der Terroristen noch nach seiner Waffe greifen können. Es waren etwa dreißig, darunter zwei Frauen. Sie fluchten brüllend auf Kurdisch, das in Schmerzensschreie überging, wenn die Geschosse in ihre Körper drangen. Gewalt, Verachtung, Blut, Haß und Tod! Das Erleben dieser entsetzlichen Szenerie, die außer dem Menschen kein anderes Geschöpf verwirklichen könnte, würde sogar jedes Tier zum Wahnsinn treiben. Er konnte nicht umhin, das von ihm getötete Mädchen zu betrachten. Während das getroffene Auge sich in ein dunkles Brunnenloch verwandelte, war das andere wie bei einem geschächteten Schaf aus der Höhle gesprungen und schien sich mit starrem Blick in sein Herz zu bohren. Er ging zu ihr, wollte das Auge schließen, andernfalls, so meinte er, würde dieser bohrende Blick für immer in ihm bleiben. Als er sich über sie beugte, entdeckte er auf ihrer Wange die blutige blonde Strähne, die unter ihrem schulterlangen Kopftuch hervorgerutscht war. Er starrte das Mädchen an, und sein Herz flimmerte wie das eines Schafes, das zur Opferbank geführt wird. Er berührte die blutige Strähne, und das Geblök einer Schafsherde vermischt mit Glöckchengebimmel schien ihm das Trommelfell zu sprengen. Schimpfend rennt das Mädchen den grünen Hügel hinunter, die unter seinem Kopftuch hervorquellenden Haare wiegen sich wie Ähren im Wind. "Rojbin!" brüllte er auf. Das zum Wahnsinn treibende Gift der Angst hatte jede Faser seiner Nerven durchdrungen, und er heulte wie ein verletztes Tier. "Das ist Rojbin!" schrie er, "ich kenne sie! Und ich habe sie getötet!" Die Kameraden zerren ihn hinaus. "Das viele Blut, er sieht Gespenster", keuchte sein Freund Mustafa. Kaum im Freien, wand er sich aus dem Griff der Kameraden und verschwand mit der Geschmeidigkeit eines Raubtiers im Unterholz des dunklen Waldes.

"Haltet ihn auf, diesen feigen Schakal", schrie der Zugführer, dann fallen Schüsse, hört er hinter sich ausgreifende Schritte.

Mit blutbeflecktem Fell und waidwundem Herzen rennt der Schakal in die Dunkelheit hinein. Er flieht vor dem blutigen Auge seiner Jagdbeute, vor den Kugeln seiner Jäger, vor den Schrecken des Todes, springt wie die Querschläger von einem Fels zum andern.

Am dritten Tag kniete er sich auf die schneebedeckte Erde. Er war völlig durcheinander. Es schneite in dichten Flocken. Was kümmerte die Jäger schon der Schnee. Ob Jäger oder Gejagte, seit tausenden von Jahren vergießen sie Blut auf dieser Erde! Die Geschichte hatte ihre blutige Bühne im Herzen Anatoliens aufgestellt. Wiederholte sich dieses blutige Schauspiel seit Kain und Abel denn bis ans Ende aller Tage?

Vor langer, sehr langer Zeit kamen sie von den Bergen im Norden, die gegürteten Hethiter mit hohen Hauben auf den Köpfen, zogen mit ihren Kampfwagen über Hattusa und Karkemisch hinaus. In hohe Felsen wurden ihr Abbilder gemeißelt. Seitdem werden mächtige Könige und allmächtige Götter immer im Profil dargestellt, wenn sie mit ihren Adleraugen auf den Ablauf der blutigen Geschichte blicken.

Mit gespitzten Lauschern bewegt sich der Schakal vorwärts. Die Rute vor Angst steil aufgerichtet, das Herz flatternd wie ein in die Enge getriebener Vogel, die Augen in die tückische Dunkelheit starrend.

Diesmal kamen sie vom Meer: die Hellenen. Wie sturmgepeitschte Wogen durchbrachen sie Anatoliens Dämme. Doch die doppelköpfigen Adler der geheiligten Städte, die Löwentore, die Könige mit den Trinkbechern und die Götter mit dem goldenen Stab in den Händen überdauerten.

Am fünften Tag verhielt der Schakal und horchte in die Nacht. Seine zusammengekniffenen, messerscharfen Augen funkelten. Als das Pfeifen der Kugeln die nächtliche Stille zerriß, sträubte sich sein Fell, zitterte er vor Angst. Er war noch immer in Reichweite der Waffen seiner Verfolger.

Alexander der Große hatte einen Traum, und er machte sich in Mazedonien auf, um nach Indien zu ziehen. In Gedenken an diesen Feldzug setzten sie steinerne Götter auf den Gipfel des Nemrut. Die Götter, deren Köpfe abfielen, blicken schon seit tausenden von Jahren mit ihren Träumen in die Ebenen von Anatolien.

Der Schakal durcheilt eine Zeit, deren Mitte im Dunkeln liegt. In seinem Herzen die Schatten der Hoffnungslosigkeit und Angst.

Himmel und Erde näherten sich. Das Mittelalter hallte wider von der Kreuzzügler Schwerter und Schilde Geklirr und dem Hufgetrappel ihrer Pferde. Die Reiter der Grausamkeit zogen raubend und mordend durch die Berge und Täler Anatoliens.

Des Schakals Herz ist schwer, seine Gedanken schwirren durcheinander. Sein schwankender Schatten dehnt sich in der tiefstehenden Wintersonne. Er biegt den Nacken und heult sein Leid eine lange Zeit in den Himmel. Die Tränen rinnen und benetzen sein Fell.

Plötzlich tauchten die Türken auf aus den Weiten Mittelasiens, noch hinter Horasan und Samarkant. In Rotten von tausend Reitern zogen sie fröhlich wie Kinder durch des Dichters Garten.

Sie wurden Herrscher, wurden Sultane, bauten Chans, Bäder und Serails. Auf ihren Armen Falken, in den Händen Nelken, standen sie Miniaturmalern Modell. Vielleicht waren sie auch in diesen Bergen auf Gazellenjagd.

Sie waren gerecht, aber auch grausam. Aus hunderttausenden von Schädeln bauten sie Wälle; deswegen schimmern so rot hier die Gewässer, in denen sie ihre Schwerter säuberten.

Es war der siebte Tag. Den Geschmack fauligen Blutes im Rachen, beugte sich der Schakal über das in der Helle der schneeigen Nacht so rot dahinfließende Wasser und trank davon in großen Zügen. Dann ließ er seinen von Hunger, Erschöpfung und Schlaflosigkeit geschwächten Körper in den Schnee fallen.

* * *

Er wollte nur noch schlafen. Weder Hunger noch Erschöpfung noch Kälte scherten ihn, sein einziger Wunsch war, ohne aufzuwachen bis ans Ende aller Tage zu schlafen. Doch die schlafraubenden Quälgeister waren auf dem Sprung, kauerten in den Windungen seines Gehirns und in seinen Augäpfeln. Sieben schlaflose Tage und Nächte. Und wie ein Racheengel lauerte das tote Mädchen vor seinen Augenlidern.

Obwohl ohne Hoffnung, suchte er trotzdem nach irgend etwas, was ihn beruhigen könnte. Der Engel Pfau fiel ihm ein. Als Kind war er mit seinem Vater einmal bei einer religiösen Zeremonie der Yesiden gewesen. Der Kaval, ein Zeremonienmeister der Yesiden, brachte einmal im Jahr die Statue des Engels Pfau ins Dorf. Um diese Statue, einen der Engel Gottes, waren sie Tamburine und kleine Trommeln schlagend zum Rhythmus der Gebete älterer Frauen gekreist. Nun begann er, diese Gebete an den Engel Pfau zu wiederholen, doch die Worte, die ihm über die Lippen kamen, erreichten seine Seele nicht. Der Glaube war in unerreichbare Tiefen gestoßen worden.

Als die Muslimkinder der Provinzstadt, wo er die Mittelschule besuchte, erfuhren, daß er Jeside war, machten sie sich einen Spaß daraus, einen Kreis um ihn zu zeichnen. Denn für einen Yesiden war es eine der größten Sünden, aus diesem Kreis auszuscheren. Schon beim Gedanken, im Kreidekreis gefangen zu werden, erschrak er zu Tode, doch es gelang ihm, mit jagendem Herzen immer wieder zu entwischen, bevor die Kinder den Kreis endgültig geschlossen hatten. Als er dann aufs Gymnasium kam, zogen sie, wie viele yesidische Familien auch, nach Istanbul. Denn in dieser Gegend gab es für sie keinen Frieden mehr. "In der großen Stadt leben die Menschen, ob Yesiden, Aleviten oder Juden, zusammengewürfelt nebeneinander her", meinte sein Vater, "ziehen wir doch auch dorthin, und wir sind diese Quälereien los!"

Das Mondlicht spiegelte sich im Schnee wider, und ein metallen funkelnder Schimmer legte sich über den Wald. "Und der Wald ist wie mein Herz öd und leer", murmelte er vor sich hin. Die Sonne hatte alle Farben des Waldes mitgenommen, nur fahles Weiß war der Nacht geblieben. Wie eine blonde Frau stand da drüben die Hängebirke mit ihrem weißen Stamm und dem vergilbten Laub. Im diesigen Mondlicht sind ihre Konturen weich, schemenhaft wie eine Wolke zwischen Traum und Wirklichkeit, die sich jeden Augenblick auflöst. Er starrte zum Baum hinüber, während ihm der Anfang der Schnulze "Tröste mein verletztes Herz" leise über die Lippen kam. Nihals blütenweiße Nacktheit erschien vor seinen Augen, und er verspürte eine leichte Wärme in der Leistengegend. Er stand auf, ging zur Birke und legte seine Arme fest um ihren Stamm. Eine Weile streichelte er das glatte Holz, rieb seine Wange daran, drückte dann seinen Körper mit aller Kraft gegen den Baum. Wie ein Vogel, der sich aus seinem Käfig befreit, vermeinte er, seine Seele von seinem Körper gelöst zu haben. Er flog empor, immer höher, schwebte eine Weile in der Leere, war frei und glücklich. Ganz langsam setzte er zu einem Sinkflug an, ein leichtes Röcheln stieg aus seiner Kehle, dann kippte er wie ein ausgehöhlter Klotz am Fuße der Birke um. Seit seiner Flucht streckte er sich zum ersten Mal wohlig müde im Schnee aus. "Wenn auch nur kurz, so hast du mich doch auffliegen lassen, mein Freiheitsvogel", sagte er und legte die Hand auf seine Brust. Und seit Tagen zum ersten Mal echote sein leichtes Lachen durch den Wald. "Blonder Schakal!" sagte er zu sich selbst, "wie viele außer dir haben ihm wohl bisher das Attribut Freiheitsvogel zuerkannt?"

Wenn er sich darüber auch lustig machte, die Bezeichnung "Schakal" wurmte ihn noch immer. "Feiger Schakal!" hatte der Zugführer gerufen, hatte ihn mit dem niedrigsten der Tiere, dem Sinnbild von Schläue, Hinterhältigkeit, Wankelmut und Feigheit verglichen. Er spürte in sich Widerspruch und Scham zugleich. Man tat ihm unrecht! Wie sollte er ihnen erklären, daß er in diesem blutigen Krieg seelisch, nicht körperlich verwundet worden war? Wenn er von seinem Zugführer und den Kameraden auch kein Verständnis erwarten konnte, fühlte er sich doch zutiefst verletzt.

Er war mit Nihal aus einem Kino gekommen. Sie hatten sich Fellinis "Armarcord" angeschaut. Er hatte seinen Arm fest um ihre Hüfte gelegt. Die vertrauensvolle Wärme der nahen Körper steigerte sich wie im Wirbel zweier heißer Quellen, die in einem See ineinanderfließen. Damals lebte er noch die Tage, in denen er sich geliebt wähnte.

Es dunkelte, der sehr dünn rieselnde Schnee lag wie eine leichte Decke über der Stadt. Sie knabbern heiße Maronen, der schneebedeckte kleine Platz präsentiert sich wie eine der Filmszenen in märchenhafter Schönheit. Die Räume der Divan-Konditorei sind hell erleuchtet. Hinter den beschlagenen Scheiben Liebespaare auf roten Stühlen, dicht an dicht einander gegenüber im Gespräch, auf den Tischen dampfen die heißen Getränke. Mit wiegendem Gang flanieren fröhliche Menschen über den Platz, bewerfen sich lachend mit Schneebällen. Plötzlich zuckt ein langer Blitz über den Himmel, der kleine Platz wird von eisig glitzerndem Licht jäh beleuchtet. Am violetten Himmel regnen Sternschnuppen giftgrün wie Katzenaugen. Im rieselnden Schnee schwebt in seiner verzaubernden Schönheit und leicht wie eine Feder Engel Pfau auf den Platz herab. Seine Flügel, farbenfroh wie ein japanischer Fächer, öffnen sich zu einem riesigen Halbkreis. Das Smaragdgrün, Saphirblau, Rubinrot und die noch aus Hunderten anderer Edelsteine strahlenden Farbensträuße seiner Flügel tauchen den kleinen Platz wie hintereinander explodierende Feuerwerksraketen in ein brandendes Lichtermeer. Die Menschen, die dieses märchenhafte Wunder betrachten, stehen wie Nippfiguren regungslos im Rund und starren auf den Engel Pfau. Sein Herz rast, er möchte diese Freude, die ihn beim Anblick von so viel Schönheit erfaßt, mit Nihal teilen, doch als er sie umarmen will, ist sie nicht mehr neben ihm. Eine unbeschreibliche Traurigkeit erfaßt ihn. Plötzlich hält er ein Schellentamburin in der Hand, ohne zu wissen woher. Und um sein pochendes Herz zu beruhigen, beginnt er mit aller Kraft das Tamburin zu schlagen und um den Engel Pfau zu kreisen. Und als wurde der Menschenmenge Leben eingehaucht, kreist sie mit betäubendem Gelächter mit ihm. Um dieses Gelächter nicht zu hören, schlägt er das Tamburin immer schneller und härter, bis seine Faust das Schlagfell durchstößt. Sein Gehirn schwappt in seinem Schädel wie das Weiche vom Ei in seiner Schale. Er sucht Nihal überall. Eine Frau mit großen Brüsten löst sich aus der Menge und läuft auf ihn zu. Er umschlingt sie ganz fest und legt seinen Kopf zwischen ihre Brüste. Sie riechen nach Schweiß, sind weich und warm, tun ihm gut. Um seinen Kopf noch tiefer zu verbergen, drückt er die Brüste mit den Händen gegen seine schmerzenden Augen. Eine Brust platzt wie eine große Beule auf seinem Gesicht. Das ausströmende, zähflüssige Blut läuft in seine Augen, füllt Mund und Nase. Er kann nicht atmen, erstickt, will schreien ...

Mit einem Schrei, der wie ein Geschoß den Alp zerriß, schreckte er hoch. Der Schrei hallte eine Weile durch den Wald. Sein Herz trommelte so heftig, als wolle es durch die Rippen stoßen. Er versuchte sich zu bewegen, sein Körper war steif und kalt wie Stein. Mit Mühe zwängte er sich aus der Baumhöhle, in der er vor Schnee und Kälte Schutz gesucht hatte. Der Morgen begann gerade zu grauen, leichter Schnee rieselte. "Wie unterscheiden sich denn meine Tage von meinen Nächten?" haderte er. "Was ist denn das für ein Leben, wenn ich von einem Alptraum erwache, um in einen Alptraum zurückzukehren? Du bist von einem schneeverwehten Urwald eingeschlossen und siehst keinen Ausweg, der in die Freiheit führt. Wie in einem lückenlos durchgezogenen Kreis! Hinter dir die Jäger, vor dir die Ankläger, dazu Alpträume am Rande des Wahnsinns, Kraken mit Schlangenarmen, diese Berge, dieser Wald, diese schneeverwehten Trampelpfade! All das hat sich gegen mich verschworen und den Kreis um mich geschlossen!"

"Und jetzt bist du an der Reihe. Scher dich nicht ... Zeichne deinen Kreis selbst ..."

"Und dann ist es an der Zeit, zu gehen, ÇEMSIT!" sagte er sich.

Er stand auf, brach einen kleinen Zweig von einer Tanne und zeichnete um sich einen großen Kreis in den Schnee. Dann legte er sein Gewehr in die Armbeuge und setzte sich. Er steckte sich die letzte Zigarette an und nahm einen tiefen Zug. "Bis jetzt bist du im Leben allem ausgewichen, aber jetzt kannst du nicht mehr entwischen, auch wenn du es wolltest. Dein Todeskreis ist gezeichnet, entweder wirst du darin erfrieren oder auf den Abzug drücken." Tiefe Trauer überkam ihn, seine Augen brannten, dann ließ er seinen Tränen freien Lauf.

"In Reichweite des Todes kommt dem Menschen die verbleibende Zeit wie ein Geschenk vor", schoß es ihm durch den Kopf. Sein Inneres hatte sich beruhigt. Wie schnell doch die letzten Augenblicke der geschenkten Zeit vergingen! Mitleidlos blies der Wind über sein Gesicht, seine Hände, wehte der Schnee in seine Haare, seine Augen. Spatzen zwitscherten, schienen ausdruckslos auf einen fernen Punkt zu starren. Mit Wehmut blickte er zur Birke hinüber, die jetzt so still und weit von ihm da stand, als hätten sie in der verflossenen Nacht nicht einige Dinge miteinander geteilt.

Wahrscheinlich ist die Zeit die Seele des Alls. So mächtig und unbekümmert. Zog vorbei, ohne sich um die vor ihrer Nase sterbenden Geschöpfe, das verlöschende Leben, die dem Wahnsinn verfallende Welt zu scheren.

Er fühlte sich so kraftlos und einsam wie eine irgendwo ins All gewehte Schneeflocke.

Er spürte, daß er sich von den äußerlichen Lebensbedingungen langsam löste. Die Zeit, in den unendlichen Raum des Todes zu wechseln, war für den Schakal gekommen.

Schien der Tod auch eine Sackgasse am Ende des Lebens zu sein, war er doch manchmal der beste Ausweg.

Er zog den Abzug durch: Bumm!...

Übersetzung aus dem Türkischen von Cornelius Bischoff

NACHTBILDER FÜR EINEN FILM, DER NIE GEDREHT WERDEN WIRD

ÖMER UĞUR

Die Stadt in der Totale:

Zwischen zwei Hügel gebettet, liegt die Stadt still im Schlaf. Ärmlich, allein. Die Türen der Häuser sind verschlossen. Die buntgeblümten Vorhänge sind wie zum Schutz vor der Nacht zugezogen. Wie blinde dunkle Flecken schwanken die armen und müden Häuser mitten in der Nacht hin und her − als seien sie an den Hängen der Berge verstreut worden und könnten sich dort nur mit Mühe behaupten. Die Straßenlaternen geben ein flackerndes Licht, und der Schnee fällt in dicken Flocken in die engen Gassen. Die Minarette ragen mit ihren langen Schatten in den Himmel auf, und die Lichterkränze an ihrer Spitze tauchen die Stadt in ein gespenstisches Licht. In dieser langen Winternacht ist die Luft in dieser kleinen, hinter den Bergen und der Dunkelheit vergessenen Stadt erfüllt von dem tiefen Frieden der Nächte im Fastenmonat Ramadan.

Am Ende der Kanone, die erheblich jünger war als die Burgmauer, auf der sie stand − die Burgmauern stammten aus seldschukischer Zeit und waren in Erinnerung an diese gealtert − und die zudem im Unabhängigkeitskrieg eine entscheidende Rolle gespielt hatte, blitzte es plötzlich auf. Das Licht schoß hinein in den Himmel. Unmittelbar darauf hallte ein ungestümes und hastiges Echo von den Bergen zurück. Dann versuchte dieser Knall, gewaltsam die Fensterscheiben eines der Holzhäuser zu öffnen, drang durch das Ofenrohr ins Innere und wirbelte die verloschene Asche auf. Die Menschen dieser armen Familie froren bei diesem Knall in ihren Träumen, mit kaum wahrnehmbarem Schaudern wickelten sie sich fester in ihre zerschlissenen Decken. In der Burg hatten Trommel und Schalmei damit begonnen, die Menschen zum Essen vor Fastenbeginn zu wecken.

Ein alte Frau in Nahaufnahme:

Ein Stadtrandviertel am Hang des Berges; als die Frau in dem nach sauer gewordenem Joghurt und faulen Tomaten riechenden Haus den Klang von Trommel und Schalmei gewahr wurde, erschien ihr im Traum jener Sohn, der in der Fremde lebte. Sie wachte auf. "Hoffentlich hat das etwas Gutes zu bedeuten", sagte sie sich und stand auf. Mit wohlriechendem Kienholz zündete sie die Waloneneichenscheite im Herd an. Die Waloneneichenscheite riefen der alten Frau ihr Dorf in Erinnerung. Sie lächelte. Sie mochte das Holz der Waloneneiche: Einerseits brannte es gut und andererseits hielt sich die Glut lange. Sie stellte das Wasser für die hausgemachten Nudeln auf. Dann legte sie noch zwei feuchte Holzscheite zum Trocknen in die Backröhre des Herdes, damit sie später besser brannten.

Wieder die Stadt, in Maskeneinstellung:

Die Stadt hatte sich belebt, doch in den Straßen war wieder niemand außer dem Wind, dem Schnee, den Kringelverkäufern und den Nachtwächtern. Auf den zerstampften und festgetretenen Schnee fielen neue Schneemengen. Überall dauerte der Krieg zwischen weiß und schwarz an. Alles bestand jetzt aus tiefschwarzer Nacht und blütenweißem Schnee. Je weiter der Geruch von verbranntem billigen Pflanzenfett aus den Vierteln am Stadtrand in die tiefer gelegenen Bezirke der Stadt hinabgetragen wurde, desto mehr nahm der Duft von appetiterregender Butter seinen Platz ein. Die Zimmer hatten sich erwärmt, und die Fensterscheiben beschlugen. In den Häusern herrschten Schlaftrunkenheit und Wärme, draußen dagegen Dunkelheit und eisige Kälte.

Doppelbild mit Frau und Kind:

Während die Frau die gekochten Nudeln abgießt, zergeht drüben in der Fett- und Zwiebelpfanne das Fett für das Essen. Die Beschäftigung mit den Nudeln ließ die Gedanken der Frau zu ihrem großen Sohn in die Ferne schweifen – er mochte ihre Nudeln immer so gern – und ihre Augen brannten. Sie fühlte einen Stich im Herzen. Ihr war zum Weinen zumute. Sie weinte nicht. Doch sie verspürte einen Stich in ihrer linken Seite. Als sie sich auf diese Seite wandte, wurde sie ihren jüngeren schlafenden Sohn gewahr: Er schlief im Bett, und so oft er atmete, hoben und senkten sich sowohl die Bettdecke als auch seine Brust. Schmächtig war er und von dunklem Teint, die schwarzen Haare kurz geschoren. Mit seiner schon ziemlich großen Nase und den kleinen Augen machte er einen reifen Eindruck. "Ich sollte ihn wecken", dachte die Frau. Als sie zum Bett hinüberging, begann der Junge, die Bettdecke mit den Füßen wegzustoßen. Schließlich warf er sie von sich. Daran erkannte sie, daß das Zimmer sich nun erwärmt hatte. Sacht rüttelte sie ihren Kleinen an der Schulter: "Aufstehen, Junge, steh auf. Es dauert nicht mehr lange, dann wird schon die zweite Kanone abgefeuert." Der Junge drehte sich im Schlaf auf die andere Seite. Er murmelte etwas in sich hinein. "Komm, Junge, nun steh schon auf, dein Vater muß sein Essen bekommen", sagte die Frau liebevoll. Plötzlich fuhr der Junge hoch. Er setzte sich kerzengerade hin, den Blick auf die von Spinnweben eingehüllten mächtigen Vierkantbalken und auf die Nudeln gerichtet, die gerade durch ein Sieb gegossen worden waren. Seine geröteten Augen blickten verschlafen. Er stand auf und ging, seiner Gewohnheit folgend, zum Abtritt. Die Frau schaute ihm nach. Sie hatte ihren Sohn von ganzem Herzen lieb. Als der Sohn die Tür zum Abtritt öffnete und hineinging, drang ein beißender Uringeruch zu der Frau hinüber. Die Frau bedeckte ihre Nase mit dem Musselintuch, das sie um den Kopf geschlungen hatte.

Mit den Augen des Jungen: Bewegte Kameraführung:

Erst als der beißende Uringeruch in meinen Augen brannte, begriff ich, daß ich nicht mehr im Bett lag und daß ich aufwachen mußte. Nachdem ich den Hahn des Wasserkanisters aufgedreht und mir Wasser ins Gesicht gespritzt hatte, war ich richtig wach. Ich wurde den Geruch von gekochten Teigwaren gewahr und war verstimmt. Klar, Mutter kochte wieder Nudeln. Ich aber wollte geröstete Brotwürfel in Fleischbrühe. Meine Mutter aber besteht bei den Mahlzeiten zur Nachtzeit auf Nudeln, weil sie gut sättigen. Aber wenn ich Nudeln esse und mich danach schlafen lege, habe ich immer Alpträume. Unser Lehrer sagt auch, daß wir nachts keine Teigwaren essen sollen, aber erzähl das mal einer meiner Mutter. Während ich meine Hände und mein Gesicht abtrocknete, schaute ich zum Fenster hinaus. Plötzlich stieg mir ein brenzliger Geruch in die Nase. Einer der Waloneneichenscheite, die zum Trocknen in der Backröhre des Herdes lagen, hatte sich entzündet. Ich nahm ihn mit der Zange und warf ihn sofort ins Herdfeuer. Das Waloneneichenholz mag ich sehr. Das Holz brennt sehr gut, es gibt gut Wärme. Und beim Schlagholzspiel kann man mit einem Stock aus Waloneneichenholz das Stöckchen ganz besonders weit schlagen. Der Schnee fiel in dicken Flocken gegen die Fensterscheiben. Als ich den Schnee sah, begann meine rechte Kniescheibe zu schmerzen. Da fiel mir wieder ein, daß ich am Abend, als ich Popcorn verkauft hatte, verprügelt worden war. Die Bastarde aus dem Burgviertel hatten, als sie gemeinsam vom abendlichen Fastengebet aus der Moschee kamen, nicht nur mein Popcorn geklaut, sondern mich auch noch windelweich geprügelt. Ich hängte das Handtuch an den Nagel hinter der Tür. Das Knie, das bei der gestrigen Schlägerei auf die Erde geprallt war, tat wahnsinnig weh. Ich schob das Bein der langen Unterhose, die ich von meinem Vater geerbt und die Mutter enger gemacht hatte, nach oben. Da begann die Wunde, die an der Unterhose festgeklebt war, wieder zu bluten. Das gefiel mir. Gerne kratze ich den Wundschorf ab und spiele mit der Wunde, bis sie wieder blutet, aber jetzt hatte es mir wahnsinnig weh getan. Meine Mutter bekam einen Schreck, als sie die Wunde sah. "Komm mal hierher. Was ist denn passiert, mein Junge?" "Nichts, Mutter." Sie beugte sich vor und untersuchte die Wunde. "Nun sag schon, Junge, was ist passiert?" "Ich bin gestern Abend beim

Popcornverkaufen hingefallen, Mutter." Ihr Gesicht verzog sich. Sie regte sich auf. "Ich schick dich nicht noch einmal Popcorn verkaufen." Sie nahm das Musselintuch vom Kopf. "Das ist doch das bißchen Geld, das du nach Hause bringst, nicht wert. Es wimmelt doch draußen nur so von Dieben und anderem Pack. Außerdem ist es jetzt viel zu kalt. Du erkältest dich noch und wirst mir krank, und dann soll ich mich zu all dem, was ich sonst noch um die Ohren habe, auch noch um dich kümmern", sagte sie, während sie meine Wunde mit dem Tuch verband. Doch eigentlich würde sie sich auch nicht freuen, wenn ich nun sagte, daß ich nicht mehr Popcorn verkaufen würde. Denn ich verdiene zwar nicht viel damit, aber so unbedeutend, wie meine Mutter behauptet, ist das nun auch wieder nicht. Denn dabei springt erstens das, was ich für die Schule brauche, heraus, und manchmal, wenn ich spare, kann ich mir sogar ein Paar Stiefel kaufen. Und deshalb sagte ich nichts, gab keine Antwort.

Eigentlich möchte ich ja auch gar nicht nach dem Fastenbrechen Popcorn verkaufen. Denn nach dem Abendessen überkommt mich eine derartige Schwere, ich möchte mich am liebsten gleich hinlegen und schlafen. Doch auf mich wartet ein Korb Popcorn, der verkauft werden will. Ein Korb voller Popcorn genauer gesagt. Ich friere nachts, ich habe Angst in den menschenleeren Straßen, doch das Ausrufen beim Popcornverkaufen gefällt mir: "Spezialität aus Amerika, Knabberei für die Damen, billiger als Wasser, weißer als Schnee, Popcorn, Popcorn." Mutter hat mich vergessen, sie ist mit den Nudeln beschäftigt. Sie schichtet in der Kupferschüssel Nudeln und Käse übereinander. Von draußen höre ich den Wind und die Nachtwächter pfeifen. Das sind eindeutig die Pfeifen ohne Kichererbse. Ich höre auf Anhieb, ob der Wächter in seiner Trillerpfeife eine Kichererbse hat oder nicht. In der Trillerpfeife von meinem Vater ist eine Kichererbse. Wenn man darauf pfeift, tanzt die Kichererbse drinnen auf dem Luftstrom hin und her. Und es ist, als sei es nicht der Klang der Trillerpfeife, den man hört, sondern eine weinende Kichererbse. Die Trillerpfeife meines Vaters ist ganz anders als die der anderen Wächter, und sein Gesicht auch. Sein Gesicht jagt niemandem Angst ein. Erst recht nicht, wenn er seine dunkelbraune Uniform und das reich mit Metall beschlagene Koppel abgelegt hat, dann sieht er total verträglich aus. Unter uns gesagt, eigentlich paßt dieser Nachtwächterberuf überhaupt nicht zum Gesicht meines Vaters. Und trotzdem haben die Kinder im Viertel Angst vor ihm. Ha, das hätte ich ja fast vergessen zu sagen. Mein Vater raucht nicht, der raucht überhaupt nicht. Und Raki trinkt er auch nicht. Genauer gesagt, mein Vater trinkt so manches nicht, was die Väter der anderen Kinder trinken. Er trinkt nur Tee. Und er geht auch nicht ins Kaffeehaus und spielt Karten. "Jemand, der Wächter ist, darf keine schlechten Angewohnheiten haben. Und was sind schon Alkohol und Zigaretten?" sagt er immer. Einmal, das ist schon lange her, das heißt, da war ich noch gar nicht auf der Welt, hatte mein Vater einen Malariaanfall. Da haben sie ihm, damit die Krankheit vorübergeht, eine Schale Raki in den Mund geschüttet. In der Nacht mußte er sich bis zum Morgen übergeben, aber am Tag darauf stand er kerngesund wieder auf den Beinen. Aber Raki? Einmal und nie wieder. Seit jenem Tag steht er mit dem Alkohol auf Kriegsfuß. Und was Zigaretten angeht, so hat er auch eine Antwort parat, die hat er von seinem Feldwebel beim Militär: "Zigaretten? Das Geld geht an andere, der Rauch in den Wind, alles, was dir bleibt, ist der Husten. Öhhö.. öhhö.." Da mußte ich plötzlich, während ich meine Nudeln auslöffelte, auch fürchterlich husten. Meine Mutter hob den Kopf vom Essen. "Langsam, du verschluckst dich noch. Wenn du fertig bist, bringst du deinem Vater auch was zu essen." Als meine Mutter so redete, vergaß ich alles, worüber ich gerade nachgedacht hatte. Ich fror schon bei dem Gedanken, daß ich jetzt rausgehen sollte. Ohne zu reden, aß ich weiter. Die Bissen wurden in meinem Mund riesengroß. Jeden Morgen zum Essen vor Fastenbeginn esse ich gewaltige Mengen, damit nicht herauskommt, daß ich gar nicht faste. Meine Mutter bekommt davon nichts mit. Die glaubt, ich faste. Als hätte ich vor zu fasten, so stürzte ich mich auf die Nudeln. Ich kann die Bissen nicht hinunterschlucken. Gott ist sehr böse auf mich, das ist klar. Eines Tages läßt er mich noch ersticken, wenn ich mein Fastenessen zu mir nehme. Den letzten Bissen brachte ich nur mit einem Schluck Obstkaltschale hinunter. Draußen waren Schritte zu hören. Das mußten Bewohner der nahen Dörfer sein, die hierherkamen, um Brennholz zu verkaufen. Aaa.... Es klopft an der Tür. Meine Mutter erschrak auch. "Schau mal nach, mein Sohn, ob es bei uns klopft". Ich spitzte meine Ohren. Ja, es klopfte bei uns. Mutters Auge begann zu zucken. "Lauf, mein Sohn, und mach die Tür auf. Hoffentlich hat das etwas Gutes zu bedeuten." Ich sprang auf und öffnete das Fenster. Ein eiskalter Wind blies mir ins Gesicht. Als meine Augen sich an die Dunkelheit gewöhnt hatten, sah ich den Jeep, auf dem Blaulicht brannte, und die uniformierten Männer daneben. Ein Wimmern. Das ist ja mein Vater... "Vater!" Auch meine Mutter stieß einen Schrei aus, und zusammen stürzten wir zur Tür... Als wir die Tür öffneten, sah ich meinen Vater, den ein Wächter und ein Polizist untergehakt hatten. Das Gesicht meines Vaters war vor lauter Blut gar nicht zu sehen. Mein Gesicht begann zu kribbeln, als der vom Wind verwehte Schnee drauffiel. Mein Vater stand mit der Dienstmütze, die seine Hand fest umschlossen hielt, einfach nur so in der Tür da. "Ihr Mann ist hingefallen und hat sich den Kopf aufgeschlagen." Der bartlose Polizist sprach mit meiner Mutter. "Wir haben seine Wunde im Krankenhaus verbinden lassen. Für heute Nacht ist er beurlaubt." Nachdem er das gesagt hatte, ging er wieder zum Jeep zurück. Der Wächter, der so ähnlich aussah wie mein Vater, wollte noch stehenbleiben und etwas sagen, doch dann verzichtete er darauf und ging auch. Da hatten wir, meine Mutter und ich, Vater nun untergehakt und standen wie angewurzelt in der Tür. Mein Vater weinte. Mein Vater, der Mann mit Koppel und Pistole, weinte. Noch nie hatte ich meinen Vater weinen sehen. Als wir meinen Vater hineinbrachten, gab ich der Tür mit einem Fuß einen

Tritt, so daß sie zufiel. Auch meine Mutter ließ stumm ihren Tränen freien Lauf. Sie weinte ohnehin bei jeder Gelegenheit. Der Schnurrbart meines Vaters war mit dem roten Blut zusammengefroren. Mein Vater mit dem roten Schnurrbart. Langsam zogen wir ihm den Mantel aus, dann alles andere. Wir brachten ihn zu Bett. Ich nahm die Pistole meines Vaters samt dem Halfter. Mein Vater wird sehr böse, wenn ich mit seiner Pistole spiele. Ich holte die Pistole aus dem Halfter. Sie war schwer, kalt und schwarz. Stumm weinte mein Vater dort, wo er lag, vor sich hin. Die Pistole war wie ein Schwarzbrot, das frisch aus dem Backofen kommt. Sie hatte etwas, was Appetit machte. Die Pistole war kalt, doch sie verbrannte mir die Hand. Die Pistole hatte etwas, und dieses Etwas zog mich an. Ich konnte es nicht mehr länger aushalten. Ich hielt die Pistole und küßte sie. Mir wurde eigenartig wohl ums Herz. Dann drückte ich die Pistole an meine Brust. Auf der Burg hatten Trommel und Schalmei eine neue Weise zu spielen begonnen. Mich fror innerlich.

Gedanken des Vaters (zeitweilig auch flash back):

Meine Frau und der Junge haben mich ausgezogen und zu Bett gebracht. Meine Koppel und die Pistole in der Hand, steht der Junge breit grinsend mitten im Zimmer ganz eigenartig da. Auf der Tischplatte stehen Nudeln, zur Hälfte schon gegessen, und Obstkaltschale, auf der Fettaugen schwimmen Der Junge hat die Pistole geküßt und sie an seine Brust gedrückt, geradeso als würde er beten. Mir ist, als sähe ich all das hinter einem Nebelschleier. Eigentlich sehe ich, seitdem ich hingefallen bin, alles hinter einem Nebelschleier. Der Ofen brennt, ich friere. Als wir ins Haus kamen, hatte Wächter Osman mir seine Hand auf die Schulter gelegt und gefragt, warum ich mir denn soviel Mühe gäbe. "Mensch, Onkel Fahri, glaubst du, der Staat gibt dir eine Medaille oder macht dich zum Oberwächter? Und wenn du nun dabei draufgegangen wärst, was wäre dann aus deiner Familie geworden? Wer würde sich dann um die kümmern?" hatte er dann hinzugefügt. Doch als er gewahr wurde, daß der Polizist Cemil, den sie den Bartlosen nannten, ihn streng musterte, hatte er geschwiegen, seinen Kopf gesenkt und angefangen, an seinem Pistolenhalfter herumzufingern. Ach, wenn ich ihn doch erwischt hätte! Da hätte Wächter Osman mal was erleben können. Egal, ob sie mich nun zum Oberwächter gemacht hätten oder nicht. Bin ich denn nicht der älteste und auch dienstälteste Wächter? Ach, wenn ich ihn doch erwischt hätte! Da kommt ja meine Frau mit heißem Wasser in der blauen Waschschüssel und einem Handtuch. Das Handtuch hat sie ins Wasser getaucht, um meine Stirn damit zu säubern. Und wie die Waloneneichenscheite im Ofen prasseln! Aber man muß sparsam damit sein. Der Februar liegt noch vor uns und der März auch. Ja, so ist das nun mal. Und die Stadt hat den Verkauf von Brennholz eingestellt. "Was ist denn passiert, mein Guter?" hat meine Frau gefragt, als sie mein Gesicht mit dem Handtuch abreiben wollte. Ich gab ihr keine Antwort. Denn wenn ich den Mund aufmachen würde, müßte ich anfangen zu weinen. "Deine Stirn sieht ja schlimm aus, tut es sehr weh?" Ich sagte nicht, daß es mir sehr weh tat. Ich schwieg. Ach, wenn ich ihn doch erwischt hätte! Ich mußte wohl laut gedacht haben, denn meine Frau fragte, wen ich denn fast erwischt hätte. Ich sagte es nicht und schwieg. Meine Frau schwieg. Der Junge stand sowieso wie versteinert mitten im Zimmer. Ich spürte, daß der Junge mich anschaute. Ich werde nicht weinen. Doch ich kann die Tränen nicht aufhalten, und da rinnen sie auch schon meine Wangen hinunter. "Ich hätte ihn fast erwischt." Ich hatte es hinausgeschrien. Beim Klang meiner eigenen Stimme fuhr ich hoch. Meine Frau drückte mir die Schulter herunter und legte mich wieder hin. Die dicken Schneeflocken, die an die Fensterscheibe fielen. Ach...Schnee... Ach, Warum? Schnee...Sch.n.ee...

Übergang zum flash back (durch die Schneeflocken):

In dicken Flocken war der Schnee über uns gekommen. Gemeinsam mit dem Wind. Ich war gerade mit langsamen Schritten losgegangen zum Bäcker aus Konya, um mich dort aufzuwärmen. Ich hatte keine Lust, auf meiner Trillerpfeife zu pfeifen. Glauben Sie nicht der weitverbreiteten Ansicht, daß Nachtwächter ihre Trillerpfeife dazu benutzen, Dieben Angst einzujagen. Eigentlich nehmen die Nachtwächter ihre Trillerpfeife in Gebrauch, weil sie selbst Angst haben, weil sie sich einsam und allein fühlen. Ja, ich hatte keine Lust, und ich blies nicht in meine Trillerpfeife. Wenn ich doch nur gepfiffen hätten! Als ich die Geräusche hörte, die aus der Reifenhandlung kamen, dachte ich gerade darüber nach, wie ich wohl in der Bäckerei den Bäcker Abbas ärgern könnte. Der Kanonenschuß, der die Menschen zum Essen vor Fastenbeginn weckt, mußte jeden Moment abgefeuert werden. Das Geräusch war ziemlich leise. Argwöhnische Gedanken befielen mich. Ja... Für einen Wächter gibt es unzählige Arten von Geräuschen. Und das Gefährlichste von allen war dieses Lautlose und panisch Hastige. Als ich so durch den Schnee weiterging, näherte ich mich langsam auf Zehenspitzen, damit kein Laut entsteht, der Reifenhandlung. Als ich gerade noch ein wenig näherkommen wollte, stolperte ich über einen Haufen Eisenstangen, der am Boden lag. Ich konnte mein Gleichgewicht nicht mehr unter Kontrolle bringen, schlug der Länge nach hin und fiel durch die Schaufensterscheibe. Genau in dem Augenblick sprang eine schattenhafte Gestalt über mich hinweg. Ich richtete mich sofort wieder auf. "Halt!" schrie ich. Die Gestalt gab noch nicht einmal einen Laut von sich. Sie verschwand um die Ecke. Während ich mit meiner rechten Hand zur Pistole griff, steckte ich mit meiner linken Hand die Trillerpfeife in den Mund und blies dreimal hinein. Und dabei begann ich wie ein Wahnsinniger hinter der Gestalt, die vor mir lief, herzulaufen. Das war ganz eindeutig kein koscherer Typ. Und vielleicht, wenn es mir gelänge, ihn zu erwischen.... Der Posten als Oberwächter. Ich lief gegen den Wind, gegen den fallenden Schnee. Ich lief um eine Beförderung und eine Gehaltserhöhung. Das Wasser begann über meine Strümpfe in die Schuhe einzudringen. Aber ich hatte den Abstand zu dem Mann vor mir verringern können. Ich glaubte mich schon am Ziel. Der Mann blieb einen Augenblick lang stehen, ich war ihm jetzt ganz dicht auf den Fersen... Ich war ihm so nah, daß ich das Jackett, das er trug, und sein krauses Haar ganz genau erkennen konnte. Ich fühlte eine unbändige Freude in mir. Nun konnte er nicht mehr entwischen. Ich hatte ihn. Ich blies noch dreimal in die Trillerpfeife. Von irgendwoher antworteten unsere Leute mit demselben Pfiff. Von nun an würde ich jede Woche zwei freie Tage haben... Ich war dem Mann jetzt noch näher gekommen. Ich hätte dann keine Verantwortung für ein bestimmtes Revier mehr, ich würde befördert werden. Ich saß dem Dieb unmittelbar im Nacken, alles war gelaufen. "Hau nicht ab, sonst geht's dir dreckig", brüllte ich ein paarmal. Der Traum vom Oberwächter bäumte sich vor mir auf und floh im vollen Galopp dahin. Ich mußte ihn packen, für den Jungen, ich mußte ihn packen, für meine Frau. Er schlug den Weg in Richtung Tankstelle ein. Gut, da saß er in der Patsche. Da plötzlich... Eine Leere. Alles löste sich in Nichts auf... Irgendwo hier und da an meinem Körper rann etwas Lauwarmes.... Oberwächter zu sein... Ein Pochen an meiner rechten Stirnhälfte... Es hatte nicht viel gefehlt... Ich hätte ihn fast gehabt... Ganz wenig ...

Schockierende Pläne eines Nachtarbeiters in der Schicht zur Zeit des Essens vor Fastenbeginn:

Mist, verfluchter. Kein Licht. Freund Ceko ist nicht zu Hause. Mann, wie kannst du mir das antun? So total vollgeschneit wie ich bin. Mein Gott, ist das Wetter kalt geworden. Da frieren einem ja Hände und Füße ab. He, wo steckst du, Ceko, du Teufelsanbeter? Was ist das auch für ein Schnee, der hört ja überhaupt nicht mehr auf zu fallen. Auf, Herr im Himmel, nun mach schon. Du denkst nicht an deine ehrlichen Menschenknechte, dann denk doch wenigstens an deine Knechte, die so wie wir nachts schuften, und hör endlich auf mit diesem Schnee. Wenn schon nicht um unserer selbst willen, dann vergelt uns wenigstens unsere Festtags- und Freitagsgebete und laß diesen Schnee aufhören. Mensch, dieser alte Wächter war ja zäh wie ein Hund, hätte nicht viel gefehlt und er hätte mich am Schlafittchen gehabt. Nun, er ist in die

Abschmiergrube gefallen, und ich hatte ihn vom Hals. Ich habe zögernd und lange an der Tür geklingelt. Dann habe ich mich im Hauseingang versteckt, damit mich kein übelwollender Blick trifft. Von oben ist das Quietschen und Knarren des Bettgestells zu hören. Alles klar, auch Ceko ist im Dienst. Mensch, der Typ knackt wohl eine besonders harte Nuß. Krach im Treppenhaus. Ooch, den hab ich vom Hals, das hab ich nochmal geschafft... Die Tür wurde geöffnet... Ceko mit einer flackernden Kerze in der Hand. Mein Gott, wie unheilvoll sein Gesicht im Schatten des Kerzenlichts aussieht. "Du hattest dich wohl zur ewigen Ruhe gebettet, du Leichengesicht." Ich spuckte ihm die Worte mitten ins Gesicht. Ihn ließ das völlig kalt. "Sei leise und komm rein!" Diese Art von Ceko fand ich schon immer toll. Mein Gott, ist das ein sorgloser Vogel! Auf seine Frage, ob ich alles erledigt hätte, nickte ich nur mit dem Kopf. "Okay, es hat doch geklappt." Ich fing sofort an zu weinen, um dem Vorwurf noch mehr Nachdruck zu verleihen. "Fast hätte ich mich von so einem alten Hund schnappen lassen." Doch er fragte wieder unbekümmert und ohne Eile: "Klar, mein Junge, wo kriegt man heute noch etwas geschenkt? Was ist los, ist die Kacke am Dampfen?" Um ihn auf die Folter zu spannen, gab ich ihm auf seine Frage keine Antwort. Er voran, ich hinterher, so stiegen wir die Treppen hoch. Er machte überhaupt kein Licht. Beim Schein der Kerze steckte er mich in ein Zimmer. Im Zimmer sah ich ein Holzkohlebecken und in dem Holzkohlebecken glimmende Asche, die am Verlöschen war, sie war dunkelrot. Es war zweifelsohne die Glut von Waloneneichenholz. Zum ersten Mal hatte Ceko es jetzt eilig. "Mensch, nun spiel doch nicht die beleidigte Leberwurst, und rück endlich raus mit der Sprache. Nun erzähl schon." Wenn es nach dem Typ geht, dürfte ich noch nicht einmal Luft holen. "Du hast gut reden. Erst mal ein bißchen verschnaufen." Ich weiß, dem brennt's unterm Hintern, der platzt jetzt vor Neugier. Meine Hände und Füße sind vor Kälte und Aufregung ganz rot geworden. Während ich mir meine Hände reibe, versucht er, so zu tun, als ließe ihn das völlig kalt. Dann fragt er: "He, nun leg schon los. Du spannst einen ja richtig auf die Folter. Du hast den Typ doch nicht etwa umgelegt? Wenn du irgendeinen Scheiß gebaut hast, dann laß es mich wissen, damit wir dementsprechende Maßnahmen treffen können." Zum Spaß tat ich so, als sei ich sauer. "Red doch nicht so'n Scheiß daher, du Schweinehund." Ein fieses, unverschämtes Grinsen auf seinem Gesicht. Natürlich, ein uralter Freund. Der weiß, wie er mich zum Reden bringt. Nun, damit dieser sture Bock nicht noch vor Neugier platzt, gab ich ihm einen kurzen Überblick über die Situation. "Und ich hatte so schön angefangen, wenn du das gesehen hättest. Völlig lautlos hatte ich die Scheibe zerschlagen und war rein. Du weißt ja, die Bullen lassen sich bei solchem Sauwetter nicht blicken. Die wärmen sich entweder in einer Bäckerei auf oder aber sie erzählen im Kaffeehaus zotige Stories aus ihrer Zeit als Puffkontrolletti, damit sie einen Tee spendiert kriegen. Und weil ich das wußte, konnte ich ganz in Ruhe die Kasse knacken. Du weißt ja, bis heute hat noch keine Kasse meinen geschickten Fingern widerstehen können. Und so hat sich mir schließlich auch diese Kasse ergeben. Da plötzlich draußen ein Riesenkrach, und die ganze Scheibe geht zu Bruch. So schnell ich konnte, steckte ich alles ein, was ich erwischen konnte, und dann nichts wie weg. Ich sprang über den Mann. Doch der kommt wieder hoch und hinter mir her. 'Halt' brüllt der ein paarmal. Überall Trillerpfeifen, Schritte, Getrampel. Hatte ich einen Schiß! Ehrlich, ich glaub, ich werd allmählich älter. Ich konnte nicht so schnell abhauen, Abi, ich war völlig aus der Puste, ich bekam Seitenstiche. Okay, mein Guter, sagte ich mir, jetzt sitzt du in der Scheiße... Der Typ in meinem Nacken, alles war gelaufen. Ein alter Knacker von Wächter, aber laufen konnte der wie ein Hund. Wo sind wir nur überall langgelaufen, da waren wir plötzlich an der Tankstelle. Die Tankstelle, wo wir immer mit dem Schlauch heimlich Benzin abgezapft haben. Ich weiß, da gibt es eine Abschmiergrube. Ich lief gerade auf diese Grube zu und legte nochmal ein bißchen zu... Und dann schlug ich dem Typ einen Haken. Hopp, ab in die Grube. Abi, der Typ konnte sich erstmal in der Abschmiergrube verpusten. Der war bestimmt fix und fertig. Egal, Abi. Der Lärm und das Getrampel wurden immer mehr. Und da bin ich eben hierher gelaufen. Das ist die ganze Geschichte. Das haben wir heute noch mal gedreht, und was morgen wird, das weiß der liebe Gott..." Ceko hörte sich mit großem Ernst an, was ich erzählte. In der Regel schaut er sehr ernst drein, wenn er sich nach getaner Arbeit den Bericht anhört. Wir wurden allmählich müde. Abi, nun bring mal ein Bett her, damit wir unser müdes Haupt hinlegen und einen wegratzen können, die Beute teilen wir dann morgen auf.

Ceko ging raus. Ich ging ans Fenster, draußen schneite es immer noch. Sollte es doch schneien, solange es wollte, ich war ja drinnen, das war die Hauptsache. Aber mein Entschluß stand fest, von nun an würde ich weder Almosen mehr geben noch zum Festtagsgebet gehen. Warum soll ich an Gott denken, wenn er auch nicht an mich denkt. Ceko brachte eine Matratze und eine Bettdecke und warf beides in die Mitte des Zimmers. "Morgen früh sieht die Welt wieder ganz anders aus, los, jetzt knack erst mal richtig", sagte er und haute ab. Draußen Schnee. Der arme Wächter fiel mir wieder ein. Hätte ich ihm wohl leid getan, wenn er mich erwischt hätte? Diese Schalmei- und Trommelspieler auf der Burg können wohl auch nur dieses eine Lied, wieder geht es von vorne los: "Sommerweiden, Sommerweiden..."

Erforderliche Details für das Finale:

Der Schnee vor der Wache hatte zu schmelzen begonnen. Seine Farbe wandelte sich von weiß zu schmutziggrau. Das durch die Fenster der Wache auf die Straße fallende Licht ließ den schmutzigen Schnee noch gelblicher erscheinen. Auf der Bildfläche Lastwagen, die im Ferntransport unterwegs sind, Lastkraftwagenfahrer, im Aufbruch begriffen, und Männer auf dem Weg zum Morgengebet. Und all diese Frühaufsteher zerteilen langsam und lautlos den Schnee und die Dunkelheit und gehen zu ihren Moscheen und

Lastwagen. Die Moscheen verkünden die frohe Botschaft vom ewi-
gen Heil, die Lastwagen hingegen geben Kunde von anderen, im
Schlaf befindlichen Städten. Zurückbleiben Stille, Schnee,
Dunkelheit und ein wahnsinniger Wind. In den Straßen der Stadt,
denen schon viel zu Gesicht gekommen ist, treibt der Wind
Verfrorenheit und Ärmlichkeit vor sich her. Sie klopfen an die
Türen, pochen an die Fenster, vermischen sich in den Vierteln am
Stadtrand mit dem Gebell der Hunde, um sich dann auf den
Gipfeln der Berge in Rauch zu verwandeln.

Der Polizeikommissar mit dem graumelierten Schnurrbart
nimmt an seiner Dienststelle von dem blutjungen Polizisten den
Bericht vom Diebstahl in der Reifenhandlung entgegen. Nachdem
der Polizist seinen Bericht abgeschlossen hatte, fragte der
Kommissar streng: "Wer hatte in dem Abschnitt Wachdienst?" Der
junge Polizeipraktikant in Habachthaltung: "Dienstnummer 22,
Fahri Avci." Wo befand er sich zur Zeit des Vorfalls?" In diesem
Augenblick fällt ihm der auf seinem Stuhl hin- und herrutschende
Mann mit den schlaflosen Augen aufgeregt ins Wort: "Wo soll er
schon gewesen sein, Herr Kommissar? Er ist bestimmt irgendwo
eingenickt, entweder in der Bäckerei oder im Kaffeehaus." In
Gedanken ganz bei seinem schmerzenden Zahn, schob der
Kommissar mit seiner Hand die Schreibmaschine vor den jungen
Polizisten hin. "Schreib!" befahl er und fuhr fort, indem er seine
Worte sorgfältig wählte. "Der im Revier Yeni Yol neben dem Kino
Yüksel gelegene..." Ungeübt im Maschineschreiben suchte der jun-
ge Polizist die einzelnen Tasten. Auf dem Gesicht des Kommissars
dagegen die Arroganz, in einer wichtigen Angelegenheit tätig zu
sein, und das Unbehagen, das der schmerzende Zahn verursachte.
Der junge Polizist machte in seiner Bekanntschaft mit den Tasten
der Schreibmaschine Fortschritte. Seine Finger fanden die
Buchstaben jetzt schneller. Ohne den Reifenhändler und den
Polizisten anzuschauen, fuhr der Kommissar mit an die Decke
gehefteten Augen fort. "Gemäß der Aussage des Inhabers wurden

zweihundertfünfzig Millionen Lira Bargeld sowie Schuldscheine und Wechsel in derselben Höhe gestohlen..." Als der Inhaber der Reifenhandlung die Worte zweihundertfünfzig Millionen Lira hörte, wurde er sich des Verlustes noch mehr bewußt, und er erbleichte.

Und wie es draußen schneit! Und wie schmerzt dort drüben in dem großen Haus Fahri Cavus' Stirn! Und wie ergießen sich die Worte aus dem Mund des Kommissars, so ganz wie von selbst! "...Dienstnummer 22 wegen Dienstaufsichtsverletzung ..." Nachtwächter Osman stand wie angewurzelt in der Tür. Schon eine Weile hörte er zu, was hier gesprochen wurde. Plötzlich begriff er, wem es hier an den Kragen ging. Er schaute mal den Kommissar, mal den Polizisten an, dann wandte er seinen Blick hinüber zum Inhaber der Reifenhandlung. Ihm wurde plötzlich übel. Als er Fahri Cavus dort in der Grube gefunden hatte, war ihm auch übel geworden. Der Ärmste stand lautlos da, wagte noch nicht einmal zu atmen. Seine Hände und sein Gesicht waren blutverschmiert, jedesmal, wenn er Luft holte, gab seine Trillerpfeife, auf die er in seiner Todesangst gebissen hatte, ein eigenartiges Röcheln von sich. In diesem Augenblick hatte Fahri Cavus ihm so dermaßen leid getan. Fahri Cavus hatte erwartet, Oberwächter zu werden. Denn schließlich war er der dienstälteste Wächter. Der alte Oberwächter war in den Ruhestand gegangen. Fahri Avci war einer der beiden Anwärter. Der andere Anwärter war der Schwager des Kommissars, ein Hallodri, der aus der letzten Klasse der Mittelschule abgegangen war. Allen außer Fahri Cavus war bekannt, daß der Schwager Oberwächter werden würde. "Sie werden Fahri Cavus das Genick brechen", ging es Wächter Osman durch den Kopf. Der Reifenhändler ergriff das Wort. "Mein Herr, das bringt nicht jeder fertig, so mitten im Ort einzubrechen. Wenn da nicht doch noch ein anderer seine Finger mit im Spiel gehabt hat", gab er zu bedenken. Der Kommissar preßte seine Lippen zusammen. "Hmm", er nickte zustimmend mit dem Kopf: "Sie haben ihm das Genick gebrochen." "Bis der Vorfall untersucht und aufgeklärt ist, wird Fahri Avci, Wächter mit der Dienstnummer 22, wegen Dienstaufsichtsverletzung vom Dienst suspendiert, seine Uniform ist ihm abzunehmen, seine Dienstpistole zu beschlagnahmen..." Wächter Osman dachte darüber nach, wo der Irrtum lag. Mit großer Geschwindigkeit flog der Polizist über die letzten Tasten. "Diesen Beschluß stellst du Fahri Avci morgen sofort zu", sagte der Kommissar. Wächter Osman fuhr zusammen. "Zu Befehl", sagte er.

In den leeren Straßen sind die ersten Handwerker und Händler unterwegs, um beizeiten ihre Läden zu öffnen. Die Kringel verkaufenden Jungen, alle bestrebt, so schnell wie möglich groß zu werden, hörten auf, sich gegenseitig in den Schnee zu werfen und grüßten die Heizer, die mit Blechbehältern voll glimmender Asche aus dem Badehaus zurückkehrten. Der Morgen und die Helligkeit brachen von den Bergen im Osten über die Stadt herein.

"Halt", schrie Fahri Cavus zwischen Schlaf und Ohnmacht, als er den Dieb gerade packen wollte. Dann blies er, als hätte er eine Trillerpfeife im Mund. Die Frau, die gerade ihr Gebet beendet hatte, hörte das und warf einen leiderfüllten Blick auf ihren Mann. Dann hob sie ihre Hände auf zum Himmel und betete lange, lange in tiefer Demut. Der schmächtige Junge mit dem dunklen Teint war böse auf seinen Vater. Er schämte sich seiner. Mit dem Bleistift in seiner Hand zeichnete er eine riesige Pistole in das gelbe Mathematikheft, in dem er sonst rechnete. Der Junge weinte. Es war bitter kalt geworden im Zimmer.

Wächter Osman ließ die Wärme der Waloneneichenscheite in der Wache zurück und ging hinaus auf die Straße. Das Papier, das Fahri Cavus das Genick brechen sollte, befand sich in seiner Jackentasche. "Und was ist, wenn sie eines Tages auch mich meiner Uniform berauben", dachte er. Fahri Cavus tat ihm leid. Er schwor sich, nie auf den Posten des Oberwächters zu spekulieren. Er ließ seine Trillerpfeife, in der keine Kichererbse war, ertönen und entschwand den Blicken.

Auf einem der nahen Berge fällte ein Dörfler mit seiner Axt eine ziemlich alte Waloneneiche, um sie in die Stadt zu bringen und dort zu verkaufen.

Der Morgen war von den Bergen, von den Hängen herabgestiegen und hatte die Stadt kaum merklich umzingelt... Der Schnee fiel.

Übersetzung aus dem Türkischen von Heike Offen-Eren

EINEN GEFÄHRTEN
HABE ICH UNTER DEN STERNEN

MAHİR ADIBEŞ

Als ich um die Straße bog, sah ich das Tor der Karawanserei vor mir. Vorsichtig ging ich die eingefahrenen Radspuren entlang in den Hof, wo aufgereiht die Kutschen standen. Gedankenversunken suchte ich einen Augenblick lang meinen Vater, wie er in seinem von der Sonne ausgebleichten Hemd, seinen an den Knien geflickten Hosen und in Opanken am Fuße der Mauer hockt und sich mit einigen Dörflern unterhält.

Als kleine Kinder kamen wir im Einspänner, einem kleinen, gefederten mit metallenen Rädern, in diesen Chan. Vater band das Pferd an den Deichselhaken und hängte dem Tier den Futterbeutel um. Dann tranken wir unter den wurmstichigen Balken der Teestube mit der niedrigen Tür, den kleinen Fenstern und den von Zigaretten und vom Brenndung des Ofens rauchgeschwärzten, tonerdefarbenen Mauern unseren Tee. Mit Erwachsenen auf Korbhockern an niedrigen Tischen genüßlich Tee schlürfen und dabei den blubbernde Wasserpfeife schmauchenden Dörflern zuzusehen, war für mich das größte Vergnügen. Anschließend warf Vater sich Mantelsack und Käsebeutel über die Schultern, ich nahm den kleinen Bottich Yoghurt in die Hand, und wir marschierten zu den Ladenstraßen hinunter.

Die Kutschen standen dicht an der Mauer. Schon bald würden die dehnenden Schatten auf sie fallen. Die Räder hatten sich in den Lehm gegraben, lautlose Stille überall. Es war sehr warm, hier und da saßen einige Kutscher und Reisende im Schatten. Die Erschöpfung hatte tiefe Falten in ihre Gesichter gekerbt. Die Brauen gerunzelt, wischten sie sich mit den Troddeln ihrer Feze den

143

Schweiß aus den faltigen Gesichtern. Hin und wieder unterbrach das Schnauben der Pferde die Stille ...

Die lange lederne Peitsche des dunkelbraunen schnauzbärtigen Kutschers wischte wie der Wind über unsere Köpfe und klatschte über dem Rücken der Pferde. Die Grauschimmel bäumten sich, und wie ein Pfeil schoß die Kutsche davon. Das Geläut der beiden kleinen Klingeln an den Seiten des Wagens begleitete das Ächzen der gummibereiften Räder, die bunten Seidenfransen wehten im Wind. Es war früher Nachmittag, die Pferde noch schlaftrunken. Sie schüttelten einigemal die Mähnen, scheuchten die Fliegen. Die Fliegen kamen zurück, wir fuhren wieder an, wurden langsam wieder schneller.

Onkel Receps Chan war ein jahrhundertealter Bau. Starke Burgmauern, Bogenfenster, schwere, gebogene Türen. Für die Pfeiler hatte man riesige Tannen gefällt, die Kuppeln aus festem Mörtel gemauert. Der Hof war groß wie ein Feldlager. Man hatte das Gebäude neben dem Park des Serails, wo jetzt das Rathaus steht, hochgezogen. Geschickt trabten unsere Pferde durch das breite Tor des Chans, und weiter ging's über das Kopfsteinpflaster der engen Gassen zur Stadtmitte. Als wir in einen großen Platz einbogen, brüllte der Kutscher, ohne sich umzublicken:

"Welche Richtung?"

"Da hinunter! Nach Soğanlı. Bei der Weggabelung sage ich, wohin. Es ist kein langer Weg. Oder mußt du schnell wieder zurück, Kutscher? Ich bezahle dich, wenn wir angekommen sind. Treibe die Pferde mit Bedacht, quäl die Grauschimmel nicht. Laß uns in Ruhe die Fahrt genießen und dem Fluß lauschen, wenn wir an den Schwarzen Felsen vorbeifahren!"

Die Stränge hingen durch, die Peitsche knallte noch einmal. Der Kutscher rief den Pferden etwas zu, und sie fielen in Trab. Die Räder rollten über das Kopfsteinpflaster, der Wagen schlingerte. Ich hielt nach irgend jemandem Ausschau, als wir am Rathaus vorbeifuhren, doch die Bürgersteige waren menschenleer.

"Du willst doch nicht weit? Andernfalls könnte die Rückfahrt schwierig werden. Der Tag neigt sich. Die Grauschimmel sind noch jung und scheuen im Dunkeln. In den Lampen ist wenig Petroleum, wenn nötig, muß ich noch einen Liter kaufen, es könnte sonst eng werden."

Der Kutscher peitschte die Pferde, und wir fuhren auf die unbefestigte Landstraße. Die Stadt blieb hinter uns, in mir ein Gedicht, in Schüben senkte sich Sehnsucht in mein Herz. Ich weiß nicht, ob dieses müde, träge Herz diese Last aushalten wird. Seit Jahren habe ich die Sonne nicht mehr aufgehen sehen. Wie strömendes Kielwasser glitt die Landstraße unter uns dahin. In der Ferne versanken die Berge am hellichten Tag schon im Dunkel. Der Gipfel des Soğanlı Berges, mitten im Sommer, wolkenverhangen. Von den Hängen wehte der Wind in die Ebene. Balkar nennen wir ihn in dieser Gegend; im Sommer weht er kühl, im Winter eiskalt, daß alles erstarrt.

Das Hufgeklapper versetzte mich in die Vergangenheit. Wie in einer Sackgasse, aus der es kein Zurück gab, vergaß ich meine Gegenwart. Auf steinigen Wegen ritten wir die Pferde. Funken stoben von den trappelnden Hufen im Dunkel der Nacht, durch die wir wie Kometen glitten. Im Galopp preschten wir in die engen Dorfgassen. Die Kinder flohen, um nicht niedergeritten zu werden, und die Nachbarn beschwerten sich über uns. Wenn ich Dreikäsehoch Glück hatte, mußte ich mir Vaters endlose Ermahnungen anhören. Wenn nicht, knallten mir die Ohrfeigen meines großen Bruders um die Ohren. "Irgendwann wirst du irgendeinen Mist bauen, wirst entweder das Pferd lahmreiten oder jemanden schwer verletzen", schrie er. Schon früh stand ich auf und holte das Pferd aus dem Stall. Auf seinem Rücken ritt ich der aufgehenden Sonne entgegen. Aufstehen, wenn kein Pferd da war? Bis mittags blieb ich dann im Bett. Erst wenn Oma Ağca mit einer Kelle Wasser kam, spritzte ich aus dem Bett. Schon abends verabredeten wir uns. Danach ritten wir noch schneller um die Wette. Die

Mähnen unserer Pferde wehten im Morgenwind. Mit Gras und Blättern rieben wir die triefenden Pferde trocken. Weder Sattel noch Zügel; wir banden die Kette zur Kandare und saßen auf der Pferde bloßem Rücken. Am Halfter führten wir sie ins Dorf zurück.

Die Räder rollten über Schlaglöcher und schnellten uns von den Sitzen. Wir kamen auf Dorfstraßen und gruben tiefe Spuren in die von der Feldbewässerung verschlammten Wege. Hafer und Weizen auf der einen Seite, Kleefelder auf der anderen. Offensichtlich kannten die Pferde diese Strecke. Auch der Kutscher fragte nicht mehr: "Breee, Bruder, und wohin jetzt?" Ein Lied pfeifend, ließ er hin und wieder die Peitsche knallen. Der Wagen wurde nicht schneller, nicht langsamer, glitt in gleichmäßiger Geschwindigkeit den Weg entlang. Seit wir die Stadt hinter uns gelassen hatten, war schon eine Stunde vergangen. Vor uns reckten sich die kahlen Hänge des Berges, und wir bogen vom Ufer des Flusses ab in steinige Landwege, würden bald die Ebene verlassen und in die immer enger werdende Schlucht hineinfahren. Auf beiden Seiten reihten sich die Berge, und die Dörfer blieben hinter uns zurück. Ich hielt Ausschau nach einem Weg, der uns in die Berge führte, wollte meine Sehnsucht in die Stille spucken. Wir näherten uns der Mündung eines Baches, als ich schrie: "Da, in diese Richtung!" und auf die schmale, verfallene Karawanenstraße zeigte. Vor Freude war ich vom holpernden Sitz auf die Beine gesprungen.

"Drrrrrisss!" schnalzte der Kutscher und straffte die Zügel. Die Pferde fingen sich, blieben schwankend stehen, und die Räder bohrten sich in den Sand. Unschlüssig schaute der Kutscher nach links, nach rechts, und ich hörte, wie er, dessen Gesicht ich nicht sehen konnte, durch die Nase schnaufte und sich dann halb zu mir umdrehte. Er runzelte die Augenbrauen, schien gleich loszubrüllen. "Gleich schlägt er mit dem Handrücken zu", dachte ich. Traf er, würde er mich wie eine Fliege vom Sitz fegen. Was sollte ein Hänfling wie ich gegen einen Berserker von hundertunddreißig Okka Gewicht schon ausrichten. "Mein Gott, was habe ich mir da eingebrockt?" schoß es mir durch den Kopf. Ich wäre schon froh gewesen, wenn er mich mitten auf dem Feldweg ausgesetzt hätte. Ich würde den Bach entlang weitergehen, hatte sowieso keine Eile, aber wie es diesem ungeschliffenen Brocken erklären? Mit einem Faustschlag würde er mich plattmachen, der halbe Schlag ginge schon ins Leere. Und während ich jeden Augenblick auf den einschlagenden Blitz wartete, entspannten sich die Gesichtszüge des Mannes, der mich zusammengekrümmt hocken sah, und er lächelte mich an.

"Hättest es wohl verdient, oder? Sollen wir in den Bach?"

Mir hatte es die Stimme verschlagen. Was sollte ich ihm auch antworten? Er hatte seine stahlblauen Augen auf mich gerichtet, glaubte mir sowieso nicht, legte jedes meiner Worte auf die Waage, hielt alles, was ich sagte, für Narretei und lachte darüber. Mit so einem Mann trieb man keine Scherze!

"Wohin willst du denn auf dem Karawanenweg kommen? In diesen Bergen gibt es kein Dorf, und die Hochebenen sind schon längst verlassen worden. Und wenn du Frühlingsfeste suchst, es ist Sommer, sogar das Gras verdorrt. Sieh doch, wie gelb das Korn geworden ist! Seit hundert Jahren wurde diese Straße nicht benutzt. Früher zogen hier die Kamele entlang, damals gab es noch keine Wagen, man ging zu Fuß. Dann benutzten Tabakhändler sie jahrelang, auch Reiter. Aber Wagen, nie! Der Weg ist schmal und holprig, an vielen Stellen von Sturzbächen zerstört, von Steinlawinen bedeckt und stellenweise sogar von Gestrüpp überwuchert. Da brechen wir dem Wagen die Räder und den Pferden die Beine und kommen nicht weiter."

Die Worte des Mannes machten mir wieder Mut. Ich dachte nicht daran umzukehren, wollte zu Fuß weiter.

"Fahr soweit du kannst, den Rest gehe ich zu Fuß!"

Mein Kutscher runzelte die Stirn:

"Hör mal, Landsmann! Ich setze niemanden unterwegs aus. Wenn schon, dann mit Bedenken in der Ebene, aber nie in den

Bergen. Wenn ein Pferd stirbt, nun, dann wird ein neues gekauft; sollte der Wagen brechen, wird er eben repariert. Wir könnten über die gute Straße auf Umwegen zu den dort hinten liegenden Dörfern, aber wohin willst du über diesen Trampelpfad? Der führt nirgendwohin. In diesen Bergen gibt es auch keinen Paß. Wenn du da hinaufkletterst, kommst du in die Wälder. Über dir blauer Himmel, unter dir schwarze Erde, und du mutterseelenallein dazwischen!"

Der Kutscher sträubte sich, wollte offensichtlich nicht weiter. Ich nahm meine Reisetasche, holte Geld hervor und reichte es ihm. Ich wollte gerade absteigen, als seine Hand mich mit stählernem Griff packte und in den Sitz zurückdrückte. Mit der anderen schob er seine Mütze in den Nacken, und im nächsten Augenblick ruckten die Pferde am Geschirr und kehrten sich zum Karawanenweg. Als wir auf ihn hinauffuhren, rüttelte der Wagen so stark, daß ich mit meinem Kopf beinah den Rücken des Kutschers gerammt hätte. Die Vorderräder sprangen aus der Spur und schaukelten nach beiden Seiten. Und dann begann die Fahrt über den holprigen Weg. Ich klammerte mich an den eisernen Griff neben mir. Der Bach zwängte sich immer enger durch die Schlucht, der Weg wurde immer schmaler. Jedesmal, wenn die Räder sprangen, scheuten die Pferde.

Der Kutscher pfiff wieder. Er hielt die Zügel stramm und stemmte seine Füße gegen den Tritt. Teilweise wurde die Schlucht so eng, daß wir die Felswände schrammten. Mein Kutscher war schon ein Meister, so, wie er die Pferde im Griff hatte. Über den Schotter kamen wir nur mit Mühe vorwärts, bis wir schließlich durch einen ausufernden Paß in ein kleines Tal gelangten. Der Bach wurde tiefer.

"Was haben wir hier bloß verloren?" rief der Kutscher. "Am Ende bricht entweder die Achse oder die Pferde gehen drauf, falls wir nicht vor ihnen ins Jenseits wandern. Hast du Herzenskummer, daß du auf die Berge klettern willst? Oder ist es eine Flucht vor dem wachsenden Druck im Laufe der Jahre? Denken wir jetzt mal darüber nach, Fremder ..."

Der Kutscher zügelte die Pferde und überlegte, und während sie vom strömenden Bachwasser tranken, hatte er eine günstige Stelle ausgemacht. Dort wo der Bach sein Bett nicht so tief ausgewaschen hatte und das Ufer nicht steil abfiel, lenkte er die Pferde ins Wasser. Bald umspülte es ihren Bauch. "Oh Gott, gleich legen sie sich hin", schoß es mir durch den Kopf, und mein Herz flimmerte für einen Augenblick ... Unser großer Ochse mit den säbelförmigen Hörnern fiel mir ein. Wenn er, vor den Karren gespannt, durch einen Bach mußte, legte er sich sofort ins Wasser. "Dieser Ochse hat etwas von einem Wasserbüffel", ärgerte sich mein Vater jedesmal, "wird er denn nie durch einen Bach waten können?" Wir schütteten dem Ochsen Wasser über den Kopf, doch wenn er keine Lust hatte, rührte er sich nicht von der Stelle.

Ich nahm meine Tasche in den Arm und zog meine Beine hoch. Die Kutsche begann zu gleiten.

"Bist du wahnsinnig, Mann, wir gehen den Bach runter!"

Der Mann scherte sich nicht und pfiff vor sich hin. Die Räder hatten fast keine Bodenhaftung mehr. Wir rutschten einige Meter, und der Wagen schaukelte. Fast wäre er gekentert, doch dann, Gott sei Dank! waren wir am anderen Ufer. Die Pferde brachen in die Böschung ein, dann zogen sie uns aus dem Wasser. Ich holte tief Luft.

"Diesen Weg entlang, Kutscher!"

Unsere Pferde wurden munter, als sie aus dem Wasser heraus waren. Wie der Wind fegten sie über die Hügel, und wie eine Krone fing sich das Sonnenlicht in ihren sprühenden Mähnen. Sie bäumten sich, als sie das Ödland hinauftrabten, diese unermüdlichen Wanderer der weiten Ebenen, der schroffen Berge und schlängelnden Pfade. Von Horizont zu Horizont jagende, hohe Bergkämme überwindende und immer ihr Ziel erreichende Pferde, treue Freunde, die weder Bach noch Berg scheuten, keine Müdigkeit kannten. Wir waren verliebt in sie! Wie ein Vermächtnis klingt der Spruch Dedem Korkuts: "Auf daß im Stall das Pferd nie fehle!"

Bald darauf hatten wir die Felsen erreicht. Die Sonne stand tief, neigte sich vor den unendlich weiten Bergen. Unsere Pferde schäumten, ihre Rücken waren schweißbedeckt. Die Kutsche war heil geblieben. Wir stiegen aus, und ich tat einen tiefen Seufzer. Ich muß wohl ein bißchen blaß gewesen sein, der Kutscher musterte mich und lächelte:

"Du hast schon recht, es ist der kürzeste und beste Weg hierher. Heute abend können wir nicht mehr zurück. Die Sonne geht unter. Warten wir auf den Morgen! Auch wenn ich's jetzt versuchte, kämen wir nicht ungeschoren davon. In der Dunkelheit stoßen wir doch irgendwo gegen die Felsen oder fliegen in den Fluß."

"Mach, was du willst, Kutscher, mein Weg endet hier! Wenn du willst, sei hier bei diesen Felsen mein Gast. Falls niemand auf dich wartet, natürlich!"

Er machte eine wegwerfende Handbewegung.

"Sie merkt es nicht einmal, die Frau ist krank. Ich komme abends spät, meistens schläft sie schon. Du kennst ja das Kaffeehaus der Kutscher. Manchmal bleib ich dort hängen, manchmal hält mich die Kundschaft auf. Morgens geh ich früh raus, oft merkt sie's auch nicht. Morgen wird sie meinen, ich sei schon fort. Ich lasse meinen Fahrgast nicht unterwegs allein, und morgen bring ich dich zurück. Tu, was dir gefällt, Fremder, kümm're dich nicht um mich. Ich weiß ja nicht, was du in diesen Bergen suchst."

Plötzlich stutzte er. Fremder? Woher kennt er diesen Platz, wenn er ein Fremder ist? Er überlegte, stellte aber keine Fragen, schirrte die Pferde ab und rieb sie trocken. Dann schüttete er Hafer in die Futterbeutel und hängte sie ihnen um den Kopf. Wenn sie nicht mehr schwitzten, wollte er sie noch striegeln. Er war ein wenig erschöpft, war aber auch ein bißchen nachdenklich, ein bißchen verwirrt.

"Du brauchst ihnen keinen Hafer zu geben. Das Gras hier in den Bergen ist genauso nahrhaft. Binde sie doch mit der langen Leine an einen Baum und laß sie grasen. Sie sollten auch mal etwas anderes schmecken als Hafer, nämlich saftiges Grün."

Den Sommer hatten wir unten zurückgelassen, hier oben war Frühling. Der Wind in der Hochebene war doch etwas anderes! Die Hänge waren grasgrün und voller Blumen. Weiter oben, auf den Kämmen, lag noch Schnee.

Meine Finger verfingen sich im wehenden Haar des Windes, Aug in Aug mit dem gedunkelten Horizont setzte ich mich auf einen Stein. Ich versank in den Anblick des verblassenden Lichts der untergehenden Sonne, sah dem Untergang des Stolzes zu. Ja, die Farbe des Stolzes wird fahl, wenn die Sonne untergeht, die Soğanlı Ebene versinkt fast vor den hohen Bergen ... Wie ein Schleier verdeckt die Dämmerung das Tal, Stille senkt sich über das Land. Der Schlangenbach schlängelt sich durch die Nacht in die Ebene. Und Aug in Aug steht der Mensch den Sternen gegenüber, sucht er weit in der Ferne, in der Tiefe des dunkelblauen Himmelszelts den Stern, der sein Gefährte ist ...

In jenem kleinen Dorf vor dem Schwarzen Haus, wo ich geboren wurde, verbrachte ich meine Kindheit. In den Mauern suchten wir nach Eiern der Spatzen und Stare, auf den Wiesen jagten wir nach Schmetterlingen. Wir spielten Verstecken, und ich kroch in die Pluderhosen der Großschwester Braut. Damals war ich ein Kind von vier, fünf Jahren. Großschwester Braut saß im schwarzen Haus am Backofen und strickte immer irgend etwas, meistens aber wollene Winterstrümpfe. Sie war die Frau meines Onkels väterlicherseits. Ihren richtigen Namen kannte ich gar nicht. Außer meinem Onkel nannte sie jeder "Großschwester Braut". Mein Onkel rief sie "Mädchen", aber so hieß sie natürlich auch nicht. Weil sie aber als erste Braut in unser Haus gekommen war, hatte sie jeder Großschwester Braut genannt, und so war der Name geblieben. Sogar ihre eigenen Kinder nannten sie "Großschwester Braut", nicht eines von ihnen sagte Mutter zu ihr. Ich war der Lausbub des Hauses. War mir kalt, mußte ich Reißaus nehmen oder mich verstecken, suchte ich Schutz in ihrer weiten Pluderhose, und Großschwester Braut verbarg mich. Aus Angst vor ihr mochte mir niemand etwas tun. Nahm meine Mutter mich vor, drohte ich ihr, es Großschwester Braut zu sagen. Doch Mutter scherte sich nicht, legte noch etwas zu. Aber mich zum Schweigen bringen? Lag ich Großschwester Braut anschließend in den Ohren, tat sie, um mich zu beruhigen, als schlüge sie Mutter, gab mir dann Rosinen, getrocknete Feigen und Aprikosen und wischte mir die Tränen ab. Als Kind fiel einem das Weinen leicht. Dann tauchten wir in einen Ozean und kämpften mit den Wellen. Das Leben, eine nicht endende Mühe, mal schwammen wir, mal trieb es uns; die Stirn gesenkt, suchten wir nach Dingen, deren Namen wir nicht kannten, spielten wir Spiele, die wir nicht geschrieben hatten. Die Tränen unserer Augen trockneten aus, Weinen fiel uns schwer. Die Zeit verging, und bald verstanden wir gar nichts mehr.

Wir waren fünf, sechs Jahre alt und trieben die Lämmer in die Berge. Ein Haufen Kinder. Damals entdeckten wir diese Felsen. Die Karawanenstraße führte an ihnen entlang und verlor sich dann in der Nähe unseres Dorfes in den Bergen. Hatten wir diese Felsen erreicht, vergaßen wir die Zeit. Gegen Abend zitterten uns vor Hunger die Knie. Und der Weg ins Dorf war weit ...

"Die Pferde sollen hier grasen, sich abkühlen, dann tränke ich sie im Bach", rief der Kutscher. "Ich geh ein bißchen in die Felsen, vielleicht sehe ich eine Gazelle, bevor es dunkel ist. Falls es hier in den Bergen überhaupt noch welche gibt. Sie wurden von einigen rücksichtslosen Jägern abgeschossen. Früher schützten die Dörfler die Berge. Von wegen Gazellen und Rebhühner jagen, man durfte nicht einmal Waffen tragen. Dann begann der Raubbau, und die Berge wurden kahl. Während wir damals fürchteten, daß uns die Tannen und Eichen in die Häuser wachsen, gibt es jetzt nur noch welche auf den Kämmen, und dort auch nur vereinzelt. Bald fangen die Nachtigallen an zu schlagen. Sie singen bis in den Morgen."

Die Karawanenstraße entlang kamen wir bis zu den Felsen. Wildziegen flüchteten zwischen die Eichen. Unsere Lämmer legten sich auf die kleine Wiese vor den Felshöhlen. Zu beiden Seiten der unteren Eingänge waren mit unbekannten Buchstaben Inschriften in den Stein gemeißelt, und an den Höhlenwänden waren Bilder von Menschen und Tieren. Über Stufen konnte man in die oberen Stockwerke steigen. Die Fensteröffnungen waren mit Steinen zugemauert. In der Mitte der Höhle war ein Brunnen in den felsigen Boden getrieben worden, dessen Grund nicht zu sehen war. Mit einer Winde zogen wir das Wasser hoch. An der Rückwand der Höhle befanden sich noch zwei Ausgänge, der eine mündete in einen Abgrund, der andere war zu schmal, um sich durchzuzwängen. Die Felswand am gegenüberliegenden Ufer war steil und hoch. Ganz oben entsprang ein dünner Quell, das Rinnsal fiel auf die Steinspitzen und sprühte perlend in alle Richtungen. War uns der Ziehbrunnen zu anstrengend, schöpften wir mit unserem kleinen Krug Trinkwasser aus dem Bach. In der Mitte der Höhle verzehrten wir gemeinsam unseren Mundvorrat. Dann streckte sich jeder von uns neben einem Felsblock aus und schlief ein.

Die Höhle hatte eine gute Akkustik. Von wo aus man auch sprach, es war überall zu hören. Im Gebüsch am Bach sang die Nachtigall, ein kleiner, dunkelbrauner Vogel mit langem Schnabel. Sie hatte in den Zweigen dort ihr Nest gebaut. Mittags war sie so schläfrig, daß sie gar nicht merkte, wenn wir uns ihr näherten. Sie zu berühren war streng verboten, sie zu stören war verpönt. Wir taten keiner Ameise etwas zuleide.

Früher sollen die Karawanen hier gerastet haben. Es soll Gänge in tiefere Stockwerke der Höhle geben, sogar einen in den Berg hinein, der aber verschüttet ist. Dort sollen die Kamele und die Pferde gestanden haben. Die Menschen rasteten in den oberen Stockwerken. Später, zur Zeit der Osmanen, dienten die Höhlen auch als Genesungsstätte für Geistesgestörte. Man gab der Gegend den Namen "Felsen des Friedens".

Ich betrat die Höhle durch den unteren Eingang, die Stufen sind noch rutschiger geworden. Wo ich früher aufrecht ging, muß ich mich heute bücken. Über die geräumige, langgestreckte Fläche am

Treppenabsatz gelange ich zum rückwärtigen Ausgang und höre draußen das herabströmende Wasser. Die sprühenden Tropfen bilden unten ein dünnes Bächlein, an dessen Rändern Pappeln, Weiden und Röhricht wachsen. Seit langer Zeit schon scheint hier weder Mensch noch Tier gewesen zu sein. Nur Spinnen haben überall in der Höhle ihre Netze gewoben, im Geröll wuchert Gras. Der Strick am Ziehbrunnen ist verrottet, ein kleines Stück hängt noch an der Winde.

Gab es denn noch Schafe und Lämmer in den Dörfern? Und Kinder, die sie hüteten? Die Seuche des Jahrhunderts hatte alle erfaßt, sie waren in die Städte abgewandert.

Der Kutscher hatte sich in den unteren Eingang der Höhle gesetzt und pfiff ein Lied. "Was suchst du in dieser Gegend, Fremder?" fragte er sich. "Sind da noch einige Erinnerungen in den Felsen haften geblieben oder bist du ein Jäger? Und wo ist das Wildbret, dem du nachstellen willst?"

Dann sang er ein Lied, ein Lied von Zihni dem Bayburter:

Ich kam zurück, sie hatten die Heimat verlassen,
Die Liebste war fort, das Zelt verwaist,
Die Pokale in Scherben, der Trunk verronnen,
Kein Mundschenk mehr am geselligen Ort.
Und ich, Zihni, weine vor Kummer,
Auch der Weinberg und der Winzer, sie weinen,
Verzweifelt sind die Hyazinthen, Blut weinen die Rosen,
Seit liebeskrank die Nachtigall den Weinberg verließ.

"Respekt, Respekt!" murmelte ich, "wer hätte das von unserem Kutscher gedacht." Bestimmt hatte er sich unten an einen Felsen gelehnt, seine Schuhe ausgezogen und die Beine ausgestreckt. Wange an Wange mit der Weite des Himmels läßt er den Blick übers Tal schweifen.

"Komm herauf, Wagenlenker", rief ich, "und sieh dir den Bach an, bevor es dunkel ist!"

Als spreche er mit sich selbst, antwortete der Mann:

"Soll es doch dunkel werden, Fremder! Du müßtest den Bach, dieses klare Wasser erst einmal bei Mondschein betrachten und die moosfarbenen Felsen im Sternenlicht, dazu das leise rieselnde Wasser! Oder diese Landschaft bei Sonnenaufgang erleben!" Dann seufzte er ein tiefes "Ach" und fügte hinzu: "Der Mensch ist nun einmal unersättlich, warum mußten wir bloß in die Stadt ziehen!"

"Und die Grillen?"

"Eben. All dem mußt du unterm Sternenlicht lauschen. Jeder hat seinen Gefährten unter den Sternen, wohin du auch gehst, dein Stern folgt dir. Manch einer merkt und erlebt es, andere merken es bis zu ihrem Tode nicht."

Der Himmel wurde dunkel, das Wasser in der Schlucht war nicht mehr zu erkennen. Stille herrschte im weiten Rund. Der Kutscher führte die Pferde zum Bach hinunter und tränkte sie. Während sie soffen, reckte er sich und gähnte. Dann striegelte er die Pferde und legte ihnen ihre Decken über die Rücken.

Es war wieder so gekommen, wie Zihni der Bayburter es einst besungen hatte. Damals war's die russische Armee, heute die Flucht vor wer weiß wem. Die Berge waren voller Leben gewesen, Lärm hallte von den Hängen wider, in jedem Tal, an jedem Wasser blökten die Schafe und Lämmer, und auf den Hügeln blies der Schäfer die Schalmei. Und dann wieder eine Völkerwanderung wie nach dem Mobilmachungsbefehl. Als untreu haben sich die Menschen erwiesen. Die Dörfer verfielen, die Hochebenen verwaisten, keine Spur mehr von den Pferchen, in denen hunderte Schafe Platz fanden. Nur die Vögel hatten die Felsen des Friedens nicht verlassen, waren der Gegend treu geblieben. Im Gebüsch sang die Nachtigall, von den Felswänden schallte der girrende Ruf der Rebhühner. Sie benötigten keinen Komfort, ihnen genügten Zweige und Felslöcher. ... Abends entzündeten wir damals im flachen Gelände vor den Höhlen ein Feuer, und den Frühling begrüßten wir mit Festen im Freien. Das ganze Dorf versammelte sich, tanzte den Reigen ums

Lagerfeuer, und wir sangen gemeinsam unsere Lieder. Die Frühlingsfeste bei den Felsen des Friedens waren zur Tradition geworden. Von weither kamen die Menschen, aus Ankara und Izmir, manchmal auch aus Deutschland. Die Pauke wurde geschlagen, die Oboe geblasen, und man feierte bis zum frühen Morgen. Auf flammender Glut wurden Lämmer am Spieß gedreht, und erst wenn der Vollmond hinter den weiten Bergen versank, fanden die Feste ihr Ende. Und während der Mond unterging, versanken alle in Stillschweigen, wandte sich jeder entzückt diesem Schauspiel zu. Jeder dachte dasselbe und glaubte daran, daß in einigen Stunden die Sonne aufgehen und der Frühling uns mit Blumen begrüßen würde!

Auf den ungepflegten Dorfstraßen wucherte das Kraut. Oma Ağca erzählte mir von den Tagen vor dem Kriegsausbruch, damals war sie noch ein Kind. Alle hatten das Dorf verlassen, nur Schwarzkopf, der Hirtenhund war zurückgeblieben, und den zerfleischten die Wölfe, die nachts ins Dorf einfielen ...

Setzen wir doch die Dorfstraßen instand, bringen wir wieder Wasser her, verleben wir wenigstens den Sommer in unserem Dorf! Öffnen wir die Türen unserer Häuser, leben wir einige Monate in ländlicher Stille und sauberer Umwelt. Feiern wir wieder Feste bei den Felsen des Friedens, mit Jubel und Freudenschüssen. Drehen wir wieder Lämmer am Spieß, kochen wir kesselweise körnigen Reis. Unsere Kinder sollen ihr Land kennenlernen, und wer es im Groll verließ, kein Fremder mehr in seiner eigenen Heimat sein. Sie sollen den Monduntergang und das Morgenrot erleben, unsere Lieder singen, im Rhythmus der Pauke den Reigen tanzen, auf nackten Pferderücken durch die Berge reiten, barfuß über die Erde laufen. In diesen Bergen sind wir aufgewachsen. Ach, und wenn sie erst die Felsen des Friedens sähen, lang ausgestreckt sich nachts mit den Sternen unterhielten ... Seinen Stern erkennend, der einen sein Leben lang begleitet. Womit sollen sich die Kinder, die keinen Tag hier verbracht haben, denn brüsten? Von wem die Geschichten der Vergangenheit erfahren, wenn sie sie nicht wie wir von einer Oma

Ağca hören? Wie sollen sie an die göttliche Liebe der Tochter des Beys glauben, wenn sie den "Obelisken" auf dem Weg zum Dorf nicht sehen?

Die Sichel des Mondes erschien am Himmel, der Kutscher sang leise ein Lied ... Er schien Kummer zu haben, unser Kutscher! Er wurde immer gesprächiger. Es war schon spät, als ich zu ihm ging.

"Essen wir doch etwas!"

"Du hast vorgesorgt, Fremder. Bist du hergekommen, um hier in den Bergen zu bleiben? Setzen wir uns doch dort auf den Felsblock!"

Wir gingen zu einem abgeflachten Felsen, nach Jahren würde ich wieder auf nacktem Stein hocken!

Nachdem wir Brot und Käse gegessen hatten, waren wir auf dem kleinen ebenen Platz eingeschlafen. Irgendwann weckte uns ein feiner Regen, und wir rannten in die Höhle. Als der Schauer nachließ, zündete der Kutscher die Lampe an, ging nach den Pferden zu sehen und hängte ihnen die Futterbeutel um.

"Daß wir ja nicht den Sonnenaufgang verpassen", mahnte er.

Ich legte mich unter den obersten Kamin der Höhle. Über mir glänzte die Mondsichel. Wie damals im Schwarzen Haus. Als brauche sie nicht zu atmen, sang die Nachtigall ohne abzusetzen. Ich zählte die Sterne. Der Duft der regengetränkten Erde stieg mir in die Nase.

Im Schwarzen Haus lagen die "Pinçek" genannten Vorratsschuppen auf der einen, die Kammern mit den Krügen für den Winterproviant auf der anderen Seite. Trübe Funzeln gaben spärliches Licht. Ging das Petroleum zur Neige, legten wir uns bei Einbruch der Dunkelheit schlafen. In der Decke waren zwei Kamine, der eine diente als Abzug für den Rauch aus dem Backofen, der andere als Oberlicht. Ich schlief darunter. Ging die Lampe aus, wurde es zwischen den schwarzen Mauern stockdunkel. Meine ältere Schwester erzählte uns Märchen, bis wir einschliefen, sofern ihr nicht vorher die Augen zufielen. Und ich tauchte ein in die Dunkelheit. Dann sahen die Sterne und ich uns in die Augen! An einem Ende des langen, dunklen Tunnels sie, am anderen Ende ich. Mein Blick wanderte die Milchstraße entlang, und ich dachte an den Dieb, der das Stroh stahl, oder an den Prinzen, der auf dem Rücken seines Pferdes das Mädchen entführte, von denen meine Schwester in ihren Märchen immer erzählte. Erst Jahre später begegnete ich meinem Stern unter den Sternen. Er glitt über den Kamin, blieb da oben stehen und sah zu mir herunter, bis ich eingeschlafen war. In den von Menschen wimmelnden Großstädten, ihrem Lärm, Staub, Rauch und grellen Licht habe ich dann seine Spur verloren. Und jetzt, in der Höhle unter dem hohen Kamin liegend, versuchte ich ihn wiederzufinden. Mein Herz klopfte vor Aufregung bei dem Gedanken, nach Jahren einen alten Gefährten zu treffen. In der Dunkelheit streckte ich einem Freund die Hand entgegen ...

Kurz vor Sonnenaufgang erwachte ich. Mein Kutscher war schon aufgestanden und zum östlichen Eingang der Höhle gegangen. Ich ging zu ihm. In gespannter Haltung stand er da, als wolle er auch nicht das Geringste versäumen. Er schien nicht einmal die Augenlider zu bewegen und sich atemlos dem Gesang der Nachtigall hingegeben zu haben. Offensichtlich erlebte er Altvertrautes.

Zuletzt war ich nach meiner Entlassung aus dem Militärdienst im Dorf gewesen, nur für ein paar Tage. Ich hatte nicht nach Mehmet gefragt, um seiner Mutter nicht weh zu tun. Aber Mutter Hatce fiel mir um den Hals und ließ ihren Tränen freien Lauf. Hätte ich sie bloß nicht entdeckt, als sie da auf der Schwelle saß. Wäre ich doch einen Umweg gegangen, ohne an Mehmet zu denken. Nun trauerten und klagten sie in der Straße, als sei Mehmet gerade gestorben. Ganz unerwartet war er eines Nachts von uns gegangen. Mutter Hatce blieb untröstlich, und jedesmal, wenn sie mich sah, riß diese Wunde wieder auf. Er war mein Gefährte gewesen, unsere Wiegen hatten nebeneinander gestanden. Unter demselben Blätterdach lauschten wir denselben Wiegenliedern, wuchsen wir wie Zwillingsbrüder auf ...

"Wirst du zu den Felsen gehen?" fragte mich Mutter Hatce, und ich nickte unbestimmt.

Über Wolken, die sich nicht entluden, ärgerte ich mich. Viel Lärm um nichts. Sie zogen über die Ebene dahin. Der Berg Soğanlı aber bekam den Segen, dort schwollen die Bäche mannshoch an. Auf den Weg zur Hochebene sprühte der Regen, die Erde duftete. Ich sang ein Lied, wenn ich abends heimkehrte, pfiff hinter dem Fuchs her, damit er zu mir herüber äugte. Erschreckt flogen Rebhühner auf und strichen ab. Ein Spiegel in der Finsternis. Ich suchte mich selbst darin. Bleiche, hohle Wangen, zwei schwielige Hände, schwarze Augen, die den Weg auch im Dunkeln sahen ...

Als stünden wir über ihr am Himmelszelt, ging blutrot in der Tiefe des Horizonts die Sonne auf, und wie in einem dichten Gedränge begann es in meinen Ohren zu rauschen. Unsere Schatten streckten sich über die Decke der Höhle, das Licht fiel auf die Wassertropfen, sie funkelten wie Perlen, und die bemoosten Felsen leuchteten in grünem Glanz. Als Kind lachte ich immer, wenn ich die Sonne aufgehen sah, ging sie unter, hockte ich mich heulend in eine Ecke ...

Aus dem Moos fertigten wir Farbe, die tagelang an unseren Händen haften blieb. "Männer schminken sich die Hände nicht mit Hennah, mein Junge", sagte dann Opa Sefer, "sie fallen beim Militär vom Pferd." Als gäbe es noch Pferde bei der Armee!

Mir ist, als hallten die Stimmen der Kinder aus der Tiefe der Höhlen, und ich versuchte, meine Stimme herauszuhören. Es klang so deutlich, als würden sie jeden Augenblick irgendwo erscheinen.

Auf dem schmalen Felsvorsprung am Eingang der Höhle kam ich nur mit Mühe vorwärts. Als Kind bin ich hinüber gelaufen. Ich suchte das kleine Felsenloch mit meiner Heuschrecke und sah plötzlich, wie sich ihre tastenden Fühler aus dem Loch streckten. Sie muß sich gefreut haben, als sie mich entdeckte, denn mit einem Zirpen kam sie heraus. Ich lachte, hatte nach Jahren einen Freund wiedergefunden. In diesen Felsen war ich also nicht vergessen worden.

"Was gibt's denn da?" fragte der Kutscher.

"Meine Heuschrecke", antwortete ich spontan.

Ein eigenartiges Lächeln überflog sein Gesicht. Wie aus seinen Gedanken herausgerissen, drehte er sich ruckartig mir zu, beinahe wäre er vom Felsblock gerutscht. Dann musterte er mich gründlich. "Gaffar, bist du's? Hast du mich nicht erkannt? Bekir!"

"Onkel Hasans Bekir?"

Wie ich so schnell über den Felsvorsprung gekommen bin, weiß ich nicht mehr. Oder hatte mich Bekir hinübergezogen. Wir umarmten uns nach so vielen Jahren. Es war schwer zu glauben ... Ob mein Kutscher wohl endlich darauf gekommen war, was ich in diesen unwegsamen Bergen gesucht hatte?

Um Schätze und Antikes zu finden, hatte man überall in der Höhle gegraben. Traurig sahen wir uns die Verwüstungen an. Man hatte auch versucht, die Inschriften am Höhleneingang herauszuschlagen und sie beschädigt, als es nicht gelang. Ich legte einige Trümmer von ihnen in einen sicheren Winkel der Höhle. Dann rückte ich einen Stein, der zwischen zwei Felsblöcken klemmte, beiseite, zog unter ihm ein Taschenmesser mit Horngriff hervor und reichte es Bekir. Der Griff des Messers war verrottet, die Klinge rostig.

"Es ist deins."

Er überlegte kurz, lachte und wischte mit der bloßen Hand den Rost von der Klinge.

"Ich hatte es bei der Quelle verloren, vor Jahren, als ich die Lämmer hütete", und während er sprach, schweiften seine Augen ins Leere. Auch die Tränen, die ihm vor Jahren abhanden gekommen waren, schienen zurückgekehrt zu sein, und die kindliche Einfalt, die ich zum ersten Mal auch bei meinem Kutscher gewahrte.

"Tage später fand ich das Messer, du warst nicht da. Ich versteckte es hier und vergaß es dann."

Als wir die Felsen verließen, war mir, als hielte mich irgend etwas fest. Mit lautem "Deh!" trieb mein Kutscher die Pferde an, und wir

160

glitten im Galopp den Hang hinunter. Ich hatte es nicht eilig und fragte mich, warum er die Pferde so ausgreifen ließ. Und während die Landwege unter den Rädern zurückströmten, flossen auch die Jahre im Nu an meinem geistigen Auge vorbei. Die Erde ächzte unter den Hufen, und auf dem Weg zu meinem Dorf erfaßte mich eine eigenartige Sehnsucht. Aber ich würde nach so vielen Jahren das Dorf nicht mehr aufsuchen. Warum sollte ich mir die verwaisten Gassen und verfallenen Mauern ansehen, wie man mir zuletzt berichtete. Auch die Brunnen sollen versiegt sein ...

Irgendwann hatten wir die Schluchten und Bäche überwunden und erreichten die Ebene. Mit der Sonne im Rücken fuhren wir zurück. Nein, nicht ich fuhr zurück, die Pferde zogen mich fort! Und dann gewahrte ich zwei dünne Rinnsale im kantigen Gesicht meines ungeschlachten Kutschers. "Donnerwetter!", überlegte ich, "es muß die Liebe zu den Bergen, die mich dorthin gezogen hat, doch meinen Kutscher sehr ergriffen haben!"

Übersetzung aus dem Türkischen von Cornelius Bischoff

Erzählen, was das Leben ausmacht, oder Erfahrungen mit einem Literaturpreis

In den Statuten des Literaturpreises der Deutschen Welle kann man es ausdrücklich nachlesen: Die zu prämiierenden Arbeiten sollen der Verständigung zwischen den Völkern dienen und dazu beitragen, daß Leser und Hörer der eingesandten Texte intensive Informationen aus der Region erhalten, aus der diese Einsendungen stammen. Auf den ersten Blick klingt das recht anspruchsvoll und so, als ob mit dieser Zielsetzung in guter Absicht ein bißchen zu hoch gegriffen wurde. Die Erfahrung aber hat uns gelehrt, daß dies ganz und gar nicht der Fall war und daß diese hochgesteckten Ziele immer wieder erreicht worden sind.

Dieses erfreuliche Resultat hängt mit dem Wesen der Literatur zusammen. In literarischen Texten, jedenfalls in solchen, die mehr vermitteln als schiere Spannung und Unterhaltung, gibt immer eine Einzelne oder ein Einzelner zu Protokoll, wie ihm zumute ist. Die Literatur vermittelt Innenperspektiven wie kein anderes Medium. Schon mit der Wahl des Stoffes und der Art seiner Behandlung gibt jeder ernst zu nehmende Autor Auskunft über das, was ihn bewegt, nicht zuletzt über seine Sicht auf die Menschen, Dinge und Verhältnisse, die sein Leben ausmachen. Darum ging es auch jenen jungen Afrikanern, von denen mir in Kenia unter den Sonnensegeln eines Hotels berichtet wurde. Es gebe hier, meinte einer unserer in Nairobi akkreditierten Korrespondenten, zahllose Heranwachsende und Studenten, die schreibend ihre Hoffnungslosigkeit zu überwinden und einen Weg in die Zukunft zu finden versuchen. Damals kam mir der Gedanke, wir sollten dieses gewiß nicht nur unter jungen Leuten vorhandene Potential mittels eines Literaturpreises nutzen. Der Gedanke fand Anklang in der Deutschen Welle. Und gleich das erste Experiment, die Ausschreibung für Schwarzafrika, trug uns Hörspiele und Funkerzählungen ein, aus denen Hörer und Leser erfahren konnten, wie man in diesem großen Kontinent empfindet, worunter man leidet, was die Menschen quält, aber auch, was für Ziele sie haben und was ihr Glück und ihre Freude ausmachen. Texte also, die Verständnis wecken. Und Verständnis ist der erste und wesentliche Schritt zur Verständigung.

Uneingeschränkt läßt sich das auch von den Texten sagen, die uns aus der Türkei erreichten. Sie haben die Erfahrung bestätigt, die sich von einer Ausschreibung zur anderen wiederholt hat.

Wie sah diese Erfahrung aus, die wir mit anderen Weltgegenden – bei den Ausschreibungen eben für Schwarzafrika, für den indischen Subkontinent, die ehemalige Sowjetunion, die arabischen Länder und Mexiko – gemacht haben? Es gab Märchen und Liebesgeschichten, immer wieder war von Männern und Frauen die Rede, die sich mühen, trotz schwieriger Umstände ihr eigenes, unverwechselbares Leben zu leben. Viele Texte aber berichteten auch auf anrührende Weise und unter Verwendung gediegener und angemessener stilistischer Mittel von Hunger und Elend und von Kriegs- und Bürgerkriegserfahrungen. Stellvertretend für sie alle sei die bewegende Erzählung "Ein Stück Brot" von Eva Lissina aus Moskau genannt, die uns mit 1.300 anderen Texten aus der untergehenden Sowjetunion erreichte und mit der sie uns an den bitteren Schicksalen ihrer eigenen Nachkriegskindheit teilhaben ließ.

Die über 800 Texte aus der Türkei und auch von türkischen Autoren außerhalb ihres Mutterlandes – gemessen an der Bevölkerungszahl war das die größte Beteiligung, die wir je gehabt haben – brachten keine Katastrophen zur Sprache, aber sie erzählten eindrücklich von einem Lande, das unter manchen Spannungen leidet: unter religiösen Gegensätzen, unter dem Problem, zwischen Traditionen und den Einflüssen der Moderne den rechten Weg suchen zu müssen und unter den Lebensbedingungen, die mit der Tatsache verbunden sind, in einer Weltgegend zu leben, die gleichzeitig zu Europa und Asien gehört. Viele Bürgerinnen und Bürger türkischer Sprache leben im Ausland. Auch das Leben in der

Fremde ist mit eigentümlichen, zuweilen bitteren Erfahrungen verbunden, von denen eine ganze Reihe der eingesandten Texte Mitteilung gemacht haben. Um so bemerkenswerter das Hörspiel von Hidayet Karakus aus Izmir, der hier wieder stellvertretend für andere genannt werden soll, weil er, wie die Jury formulierte, mit seiner anspruchsvollen Adaption einer Geschichte aus der mystischen Literatur der islamischen Völker "auf die Veränderbarkeit der Menschen durch Liebe und Verständnis" gesetzt hat.

Neben dem Intendanten der Deutschen Welle, der den Literaturpreis über Jahre hinweg gefördert hat, ist vor allem dem Goethe-Institut zu danken, dessen Unterstützung und Hilfe in allen Fällen zum Gelingen der Ausschreibungen beigetragen haben. Die starke Wirkung, die vom Inhalt der Einsendungen aus allen Regionen ausgegangen ist, wird dazu beigetragen haben, daß sich die jeweils betroffenen Redaktionen so intensiv, ja, man kann sagen: selbstlos, mit dem Literaturpreis der Deutschen Welle und mit dem enormen Arbeitspensum, das mit jeder Vergabe verbunden war, auseinandergesetzt haben. Die Art und Weise, wie ich bei allen sechs Ausschreibungen des Preises von meinen Kolleginnen und Kollegen unterstützt und begleitet worden bin, gehört zu den schönsten Erfahrungen meines Berufslebens. Auch die Türkische Redaktion hat den Literaturpreis voll und ganz auf eine geradezu beglückende Weise zu ihrer eigenen Sache gemacht.

Die Faszination der Texte und ihr besonderer Informationsgehalt mögen es schließlich gewesen sein, die zu einer ebenso intensiven wie mühelosen Zusammenarbeit mit den jeweiligen Jurymitgliedern geführt haben. Ich erinnere mich nicht an einen einzigen Fall, bei dem es ernstliche Konflikte gegeben hätte. Immer ist die Meinungsbildung einvernehmlich erfolgt. Das gilt in besonderem Maße auch für die Sitzung der Jury, die über die Einsendungen in türkischer Sprache zu befinden hatte und die unter der souveränen Leitung des Schriftstellers Christoph Hein zu einem von allen akzeptierten Ergebnis kam.

Unsere Wettbewerbe haben gezeigt, daß Menschen, wenn es wirklich darauf ankommt, alle in einer Sprache sprechen und daß sie in oft erschütternder Weise bereit sind, sich mitzuteilen. Ich wage zu behaupten, daß wir durch unsere Preisausschreiben die jeweiligen Regionen und ihre Menschen anders und besser kennengelernt haben wie als Touristen und sogar als reisende Berichterstatter, die mit dem Notizblock, mit dem Mikrophon oder der Fernsehkamera unterwegs sind. Das gilt auch und gerade für die Beiträge in türkischer Sprache. Ich möchte es noch einmal so sagen, wie ich es immer wieder empfunden habe: Unser Literaturpreis hat bei jeder Ausschreibung eine Region so zum Sprechen gebracht, daß die Seele des Landes oder der Länder, um die es ging, offen vor uns gelegen hat.

Dr. Joachim Burkhardt
Initiator und Koordinator des
Deutsche Welle-Literaturpreises

Aufregung und Freude

Als die Deutsche Welle im Februar 1996 einen Literatur-wettbewerb in türkischer Sprache ausschrieb, hatten wir nicht einmal im Traum mit einer so großen Resonanz gerechnet. Die anfänglichen Zweifel wurden mit moralischer Unterstützung durch die Leitung unseres Hauses – allen voran Intendant Prof. Dieter Weirich und Chefredakteurin Dr. Hildegard Stausberg – bald beiseite geräumt. Auch der Leiter der Öffentlichkeitsarbeit, Dr. Ralf Siepmann, und der Leiter der Südosteuropa-Redaktionen, Dietrich Schlegel, ließen eine Entmutigung oder Resignation gar nicht erst zu und arbeiteten tatkräftig an diesem Projekt mit. Allen hier genannten gebührt ganz besonderer Dank.

Meine Kolleginnen und Kollegen in der Türkischen Redaktion nahmen eine zwei Jahre während Mehrbelastung auf sich. Bei ihnen allen muß ich mich ganz herzlich bedanken. Allerdings kann ich nicht umhin, drei Kolleginnen besonders hervorzuheben: Es sind Ayşe Tekin, ohne deren Beharrlichkeit, Enthusiasmus und Engagement unser Projekt nicht gelungen wäre; Mine Selen, deren einfühlsame Präsentation der ausgewählten Werke die Produktion und Ausstrahlung zu einem besonderen Vergnügen für die Hörer machte; Beril Hofmann, die frühere Leiterin der Türkischen Redaktion, die die Mühe auf sich genommen hat, die meisten eingesandten Werke sorgfältig zu lesen und eine erste Vorauswahl zu treffen.

Mit den Danksagungen hat es jedoch noch kein Ende, denn noch eine ganze Reihe von hilfreichen Menschen muß ich an dieser Stelle gebührend erwähnen:

Dr. Joachim Burkhardt, Initiator des DW-Literaturpreises, war mit Rat und Tat an der Realisierung des Projektes aktiv beteiligt.

Christoph Hein, Autor und Vorsitzender der Hauptjury, war Garant für hohe literarische Auswahlkriterien und eine ausgeglichene, harmonische Atmosphäre während der Arbeit der Juroren.

Der in Deutschland lebende türkische Schriftsteller Yüksel Pazarkaya hat uns von der ersten Stunde an mit fruchtbaren Ideen und effektiver Hilfe begleitet. Er war sowohl Vorsitzender der Vorjury als auch Mitglied der Hauptjury und dergestalt eine personifizierte Brücke zwischen den türkischen und deutschen Juroren.

Zur Vorjury zählten der in Berlin lebende türkische Schriftsteller Aras Ören, die Istanbuler Germanistin Prof. Şara Sayın, die ebenfalls in Istanbul lehrende Theaterwissenschaftlerin Prof. Zehra İpşiroğlu sowie die Übersetzerin Deniz Göktürk.

Diese Vorjury hatte von insgesamt 831 Einsendungen 132 Beiträge in die engere Wahl genommen und davon 25 für die Hauptjury ausgewählt.

Nach dieser Auswahl war Cornelius Bischoff gefragt, der renommierte Übersetzer türkischer Literatur, Freund von Yaşar Kemal und Fachmann für dessen Romane. Cornelius Bischoff hatte den Löwenanteil an den Übersetzungsarbeiten: Innerhalb von drei Monaten übersetzte er zwanzig von insgesamt 25 Beiträgen. Die anderen Texte übernahmen Ingrid Iren, Irene Schlör, Heike Offen-Eren und Sibylle Çizenel.

Am 16./17. Juni 1997 trat dann in Köln, im Hause der Deutschen Welle, die Hauptjury zusammen. Unter dem Vorsitz von Christoph Hein berieten folgende Jury-Mitglieder über die preiswürdigsten Arbeiten: Doğan Hizlan, der "Papst" der türkischen Literaturkritik; der Journalist Hıncal Uluç, der in vielen Aufrufen besonders an die jungen Autoren in der Türkei appelliert hatte; Angela di Ciriaco-Sussdorff, Dramaturgin beim Westdeutschen Rundfunk (WDR) in Köln; Professor Klaus Kreiser, Turkologe an der Universität Bamberg.

Das Buch, das Sie, liebe Leserinnen und Leser, in der Hand halten, ist in zweieinhalbjähriger Arbeit entstanden. Es gab Zweifel, auch bange Momente, aber rückblickend muß ich sagen: Es war eine Zeit voller Freude und auch Stolz, Stolz auf die geleistete Arbeit, auf die unerwartet große Resonanz, auf das hohe Niveau der eingesandten Werke. Wir waren auch verwundert und erfreut darüber, daß Einsendungen aus insgesamt 22 Ländern in unserer Redaktion eintrafen.

Die Arbeit der beiden Jurys wurde dann am 16. Oktober 1997 auf der Frankfurter Buchmesse gekrönt. Es war gelungen, Yaşar Kemal, den Träger des Friedenspreises des Deutschen Buchhandels 1997, zur Teilnahme an der Verleihung des Literaturpreises der Deutschen Welle zu gewinnen. Aslı Erdoğan, die Gewinnerin in der Kategorie "Funkerzählung", empfand es als besondere Ehre, daß ihr der große Schriftsteller den Preis mit warmen Worten der Anerkennung überreichte. Hidayet Karakuş aus Izmir, der den ersten Preis in der Kategorie "Hörspiel" gewonnen hatte, wurde durch den Chefredakteur des Deutschen Programms der Deutschen Welle, Dr. Alexander Kudascheff, geehrt. Ein besonderes Lob von der Jury erhielt der in Deutschland lebende junge türkische Autor Fikret Doğan, der seinen Preis aus der Hand des türkischen Kulturministers Istemihan Talay entgegennehmen konnte.

Ich möchte nicht schließen, ohne noch einen Dank auszusprechen für weitere freundliche Menschen, die uns bei der Werbung für den DW-Literaturpreis in der Türkei großartig unterstützt haben. Das waren vor allem Semra Bacakçı vom Goethe Institut in Istanbul sowie Metin Zeynioğlu und Nurcan Zamur vom Istanbuler Parantez Verlag. Emin And und Engin Uludağ schließlich sowie die Schauspielerinnen und Schauspieler der Städtischen Bühnen in Istanbul haben die in die engere Auswahl gekommenen Hörspiele für das Türkische Programm der Deutschen Welle und eine szenische Lesung des preisgekrönten Hörspiels "Der Scheich von San'an" von Hidayet Karakuş während der Istanbuler Buchmesse am 3. November 1997 produziert.

Alles in allem können wir mit Zufriedenheit und Stolz auf die gemeinsame Arbeit an der Auslobung und Durchführung des Deutsche Welle-Literaturpreises für die türkische Sprache 1997 zurückblicken und Ihnen, sehr verehrte Leserinnen und Leser, diesen Band mit den acht wichtigsten eingesandten Arbeiten präsentieren. Zwei weitere Bände mit einer Auswahl aus den anderen Einsendungen werden folgen.

Mehmet Barı
Leiter der Türkischen Redaktion

Aslı Erdoğan

Geb. 1967 in Istanbul. Informatik-Studium an der Bosporus Universität. Veröffentlichung von Erzählungen in Literaturzeitschriften "Argos" und "İnsancıl". 1990 dritter Preis beim Yunus Nadi-Wettbewerb. Seit 1994 erschienen zwei Romane und ein Band mit Erzählungen. Sie lebt als freie Schriftstellerin in Istanbul.

Hidayet Karakuş

Geb. 1946 in Küçüksarı bei Yalvaç-Isparta. Nach Ausbildung zum Grundschullehrer in Isparta-Gönen Literaturstudium am Institut für Erziehungswissenschaften in Selçuk. Tätigkeit als Lehrer in Adana und Manisa, nun in Izmir. Neben zwei Romanen erschienen mehrere Gedichtbände und Kinderbücher, zahlreiche Hörspiele bei TRT. Bisher vier Literaturpreise.

Fikret Doğan

Geb. 1968 in Elbistan. Studium der Internationalen Beziehungen an der Universitaet Istanbul. Seit 1990 in Mannheim, studiert dort Politikwissenschaft und Germanistik.

Hasan Latif Sarıyüce

Geb. 1929 in Çorum/Sungurlu. Studium am "Dorfinstitut" Hasanoğlan, Diplom des Erziehungswissenschaftlichen Instituts. Parlamentsabgeordneter von Çorum. Nach 25jähriger Tätigkeit als Lehrer an Mittelschulen und Gymnasien nun in Izmir im Ruhestand. Veröffentlichung von mehr als hundert Büchern verschiedener Literaturgattungen (Gedichte, Romane, Erzählungen) sowie Unterrichts- und Quellenbüchern.

Nevin Ulkay Boğ

Geb. 1966 in Ankara. Studium der Internationalen Beziehungen an der Gazi Universität Ankara. Mitarbeiterin bei der Nachrichtenagentur Hürriyet in Istanbul.

Zerrin Polat

Geb. 1945 in Adana. Studium und Examen an der Akademie der Schönen Künste, danach freischaffende Malerin. Kunstberaterin in der Zentrale der İş Bankası und Leiterin der Kunstgalerie dieser Bank in Ankara. Autorin von Kinderbüchern, von denen eines als Theaterstück aufgeführt wurde, und eines Jugendmusicals.

Ömer Uğur

Geb. 1954 in Tokat. Studium, dann Tätigkeit als Lehrer. Besuch der Akademie der Schönen Künste. Lebt als Filmregisseur in Istanbul.

Dr. Mahir Adıbeş

Geb. 1964 in Bayburt. Studium der Veterinärmedizin an der Euphrat Universität, spezialisiert als Virologe. Arbeitet als Spezialist am Maul- und Klauenseuchen-Institut der Türkei in Ankara. Zahlreiche wissenschaftliche Publikationen, Auszeichnung von zwei Sammelbänden mit Erzählungen.

Christoph Hein *(Vorsitzender der Hauptjury)*

Geb. 1944 in Schlesien. Studium der Philosophie und Logik in Leipzig und Berlin. Dramaturg an der Volksbühne Berlin, Inszenierung seiner Theaterstücke in vielen Städten der Bundesrebuplik. Mitglied des PEN-Zentrums, der Akademie der Künste Berlin-Brandenburg, der Akademie für Sprache und Dichtung in Darmstadt und der Sächsischen Akademie. Er erhielt zahlreiche Auszeichnungen und lebt als freier Schriftsteller in Mecklenburg-Vorpommern

Dr. Joachim Burkhardt *(Ideengeber)*

Geb. 1933 in Borna/Sachsen. Veröffentlichung von Romanen, Erzählungen und Hörspielen, bis 1997 DW-Mitarbeiter, Initiator des Literaturwettbewerbes. Lebt als Journalist, Schriftsteller und Dramatiker in Berlin.

Dr. Yüksel Pazarkaya *(Vorsitzender der Vorjury)*

Geb. 1940 in Izmir, seit 1958 in Deutschland. Chemie-Studium in Stuttgart, Germanistik- und Philosophie-Studium, Dr. phil. Veröffentlichung von mehr als fünfzig Büchern in Deutsch und Türkisch, erhielt bereits mehrere Literaurpreise und ist Träger des Bundesverdienstkreuzes. Seit 1986 lebt er als Rundfunkjournalist und Autor in Köln.

Mehmet Barı *(Herausgeber)*

Geb. 1944 in Kozan-Adana. Ausbildung am Ankara-College und am Österreichischen Gymnasium in Istanbul. Seit 1964 in Deutschland, Volkswirtschafts-Studium an der Universität Köln, seit 1979 Redakteur bei der Deutschen Welle, seit 1994 Leiter der Türkischen Redaktion.

Cornelius Bischoff *(Übersetzer)*

Geb. 1928 in Hamburg. 1939 Flucht mit seiner Familie in die Türkei. Studium an der Juristischen Fakultät in Istanbul, ab 1945 in Hamburg. Seit 1978 Übersetzer - unter anderem von Werken wichtiger türkischer Autoren wie Yaşar Kemal - und Drehbuchautor, erhielt den Förderpreis der Hansestadt Hamburg für Literatur und literarische Übersetzung und eine Dankesurkunde des Kultusministeriums der Türkischen Republik.

Die Geschichte des Literaturpreises der Deutschen Welle

Erstmalig wurde der Literaturpreis der Deutschen Welle 1985 für Schwarzafrika ausgeschrieben. Mehr als 900 Autoren bewarben sich damals. Der nigerianische Schriftsteller Kalu Opki gewann den Preis in der Sparte Funkerzählung, der Sudanese Eltayeb Emadi in der Sparte Hörspiel.

Das bisher eindruckvollste Resultat eines Wettbewerbs registrierte die Deutsche Welle 1991 mit ihrer Ausschreibung für die damals noch bestehende Sowjetunion. Die rund 1700 eingesandten Manuskripte legten Zeugnis ab von dem historischen Umbruchprozeß des Landes. Martin Walser, diesjähriger Träger des Friedenspreises des Deutschen Buchhandels, übernahm den Vorsitz der Jury. In der Sparte Funkerzählung wurde der Russin Eva Lisina der erste Preis zuerkannt, in der Sparte Hörspiel der Ukrainerin Olga Kowbasjuk. Eine Auswahl von 19 Beiträgen des Literaturpreises wurde in dem Buch "Ein Stück Brot" veröffentlicht.

Auch die Ausschreibung 1993 für die arabische Welt hat zu einer Buchveröffentlichung geführt. Die DW erhielt 1095 Einsendungen – das zweithöchste Ergebnis – von denen 17 in dem zweisprachigen Band "Fatimas Träume" erschienen. Den ersten Preis erhielten in der Kategorie Hörspiel der syrische Schriftsteller Riad Ismat und in der Kategorie Erzählung die ägyptische Schriftstellerin Salwa Bakr.

1995 beteiligten sich 416 Autoren am Literaturpreis für Mexiko. Die eingesandten Beiträge reflektierten die politische und soziale Situation des Landes. Gabriela Riveros erhielt den ersten Preis für eine Erzählung, José Conceptión Flores Arce für ein sowohl in der Indiosprache Nahuatl als auch in Spanisch verfaßtes Hörspiel. Eine Auswahl der eingesandten Beiträge erschien unter dem Titel "Chili & Salz".

1996 dann wurde der Literaturpreis für die türkische Sprache ausgelobt. Die Einsendefrist lief vom April bis zum 31. Dezember.

Am Stichtag wurden 831 Arbeiten aus 22 Ländern gezählt. 698 (oder 84 Prozent) kamen aus der Türkei. Unter den Teilnehmern aus 43 Städten der Türkei stammte ein großer Teil (über 350) aus den Städten Istanbul, Ankara und Izmir. Mit 10 Prozent der Einsendungen aus 34 Städten nahm Deutschland die zweite Stelle ein. Besonders stark war Berlin vertreten. 50 Arbeiten kamen aus 20 weiteren Staaten: Großbritannien, Belgien, Frankreich, Niederlande, Dänemark, Schweiz, Österreich, Norwegen, Schweden, Finnland, Mazedonien, Bulgarien, Griechenland, Zypern, Libyen, Iran, Irak, Saudi-Arabien, USA, Australien.

Drei Viertel der eingesandten Arbeiten waren Erzählungen, ein Viertel Hörspiele. Der Anteil der schreibenden Frauen betrug knapp ein Drittel. Denselben Anteil nahmen Autoren unter 30 Jahren ein.

Diese Statistik verrät manches über die Rezeption des Türkischen Programms der Deutschen Welle: Es wird auch außerhalb der Türkei, überall in der Welt, wo es mehr oder weniger große türkische Minderheiten gibt, wahrgenommen. Und besonders erfreulich: Frauen und junge Menschen scheinen einen beachtlichen Anteil an der Hörerschaft zu haben.

Die Türkischen Sendungen
der Deutschen Welle

Die türkischen Sendungen der Deutschen Welle wurden am 1. Juli 1962 zum ersten Mal ausgestrahlt. Heute werden täglich zwei 50 minütige Sendungen von acht Redakteur/Innen erstellt. Die Türkische Redaktion hat außerdem Korrespondenten in Ankara und Istanbul, Athen und Nikosia, Berlin, Bonn und München, Washington Moskau, Brüssel, Paris, London, Stockholm und Oslo.

Wie den jährlich annähernd fünftausend Hörerbriefen zu entnehmen ist, schätzen die Hörer und Hörerinnen vor allem den Nachrichtenteil. Der Schwerpunkt der Informationen liegt auf Entwicklungen in Deutschland und in der Türkei. Aber auch aktuelle Themen aus aller Welt werden behandelt. Die Sendungen enthalten außerdem Reportagen, Berichte, Kommentare, Features sowie Magazine zu verschiedenen Themen wie Wirtschaft, Kultur, Sport und - besonders beliebt - Wissenschaft und Technik. Breiten Raum nehmen Beiträge über das deutsch-türkische Verhältnis und das Leben der mehr als zwei Millionen Türken in Deutschland ein.

Auch Türken, die sich in Australien oder den USA niedergelassen haben, hören die türkischen DW-Sendungen über Satellit oder das Internet, um den Kontakt zu ihrer Muttersprache nicht zu verlieren und um sich über das Weltgeschehen zu informieren.

Die türkischen Sendungen sind über Kurz- und Mittelwelle sowie über Satellit und Internet, in der Türkei und Australien auch über private UKW-Sender zu empfangen.

Adressen:

Deutsche Welle
Türkische Redaktion
D-50588 Köln
Deutschland

Telefon:+49-221-389-4661
Fax: +49-221-389-4670

DW-Almanya'nın Sesi Radyosu
PK 4 Çankaya
06552-Ankara
Türkiye

E-Mail: turkish@dwelle.de
Internet: www.dwelle.de

Vorjury-Sitzung, Deutsche Welle, Köln
v.l.n.r.: Aras Ören, Yüksel Pazarkaya, Prof. Zehra İpşiroğlu, Deniz Göktürk, Prof. Şara Sayın

831 Beiträge aus 22 Ländern wurden eingesandt

Frankfurter Buchmesse Preisverleihung 16. Oktober 1997
Gewinnerin Funkerzählung. Yaşar Kemal überreicht Aslı Erdoğan ihre Urkunde.

Türkischer Kulturminister İstemihan Talay mit den Gewinnern
v.l.n.r.: Hidayet Karakuş (Hörspiel), Minister Talay, Fikret Doğan (Besondere Erwähnung der
Jury), Aslı Erdoğan (Funkerzählung)

Preisverleihung in Frankfurt
v.l.n.r.: Cornelius Bischoff (Übersetzer), Yüksel Pazarkaya (Juror), Yaşar Kemal (Gast)

Cornelius Bischoff (Übersetzer), Doğan Hızlan (Türkischer "Literaturpapst")

*Szenische Aufführung des Hörspiels "Die Liebe des Scheichs von San'an" auf der Buchmesse in
İstanbul, 3. November 1997, Schauspieler der Städtischen Bühnen İstanbul.*

Türkische Redaktion der DW
*v.l.n.r.: Necil Buyan, Lale Çakıroğlu, Işık Selen, Helen Gentges, Ahmet Günaltay, Fatma Berdi,
Deniz İncediken, Mehmet Barı, Evren Aydemir*
vorne: Ayşe Tekin, Nilgün Kahraman